essentials

essentials liefern aktuelles Wissen in konzentrierter Form. Die Essenz dessen, worauf es als „State-of-the-Art" in der gegenwärtigen Fachdiskussion oder in der Praxis ankommt. *essentials* informieren schnell, unkompliziert und verständlich

- als Einführung in ein aktuelles Thema aus Ihrem Fachgebiet
- als Einstieg in ein für Sie noch unbekanntes Themenfeld
- als Einblick, um zum Thema mitreden zu können

Die Bücher in elektronischer und gedruckter Form bringen das Fachwissen von Springerautor*innen kompakt zur Darstellung. Sie sind besonders für die Nutzung als eBook auf Tablet-PCs, eBook-Readern und Smartphones geeignet. *essentials* sind Wissensbausteine aus den Wirtschafts-, Sozial- und Geisteswissenschaften, aus Technik und Naturwissenschaften sowie aus Medizin, Psychologie und Gesundheitsberufen. Von renommierten Autor*innen aller Springer-Verlagsmarken.

Constantin Frank-Fahle · Marcel Trost

Markteinstieg in Bangladesch

Investment Guide Emerging Markets

 Springer Gabler

Constantin Frank-Fahle
emltc
Abu Dhabi/Dubai, United Arab Emirates

Marcel Trost
emltc
Abu Dhabi/Dubai, United Arab Emirates

ISSN 2197-6708   ISSN 2197-6716 (electronic)
essentials
ISBN 978-3-658-43141-9   ISBN 978-3-658-43142-6 (eBook)
https://doi.org/10.1007/978-3-658-43142-6

Die Deutsche Nationalbibliothek verzeichnet diese Publikation in der Deutschen Nationalbibliografie; detaillierte bibliografische Daten sind im Internet über http://dnb.d-nb.de abrufbar.

Planung/Lektorat: Irene Buttkus
Springer Gabler ist ein Imprint der eingetragenen Gesellschaft Springer Fachmedien Wiesbaden GmbH und ist ein Teil von Springer Nature.
Die Anschrift der Gesellschaft ist: Abraham-Lincoln-Str. 46, 65189 Wiesbaden, Germany

Das Papier dieses Produkts ist recyclebar.

Was Sie in diesem *essential* finden können

- Einführung in das Investitionsrecht Bangladeschs
- Einführung in das Gesellschafts-, Steuer- und Arbeitsrecht Bangladeschs

Geleitwort des deutschen Botschafters

Liebe Leserinnen und Leser,

Bangladesch hat sich zu einer der dynamischsten Volkswirtschaften weltweit entwickelt. Das junge Land profitiert seit vielen Jahren von beeindruckenden Wachstumsraten vor allem im Textil- und Lederbereich. Das Potenzial des Standorts Bangladesch ist ganz erheblich. Deutschland ist der zweitwichtigste Exportmarkt für Bangladesch weltweit. Im Moment erscheint das Land weiter wirtschaftlich und politisch stabil. Verlauf und Ergebnis der nächsten allgemeinen Parlamentswahlen Ende 2023 werden wichtige Wegmarken für die Zukunft des Landes sein.

Schon 2026 wird das Land die Gruppe der am wenigsten entwickelten Länder (LDCs) verlassen. Mit dem neuen Status sind aber auch neue Herausforderungen verbunden, nicht zuletzt im Bereich Marktzugang und Zölle. Während im Bereich Infrastruktur mit Riesenschritten aufgeholt wurde, gibt es erkennbar Nachholbedarf bei strukturellen Reformen des komplizierten und oft wenig transparenten Institutionengeflechts. Zugleich wurden die Lebensgrundlagen des Landes durch Umweltverschmutzung und Klimawandel in vielen Teilen des Landes angegriffen.

Gemessen am BIP hat Bangladesch weiter beachtlichen Aufholbedarf bei Investitionen aus dem Ausland. Genaue Beschäftigung mit dem Standort ist enorm wichtig. Und dennoch: Es gibt sie, die deutsch-bangladeschischen Erfolgsgeschichten, im Kleinen wie im Großen, vom Geflügelzüchter über den Solarunternehmer bis hin zu BASF, Commerzbank und Siemens, um nur einige zu nennen. Zunehmend bewegen sich die Kooperationen dabei aus den traditionellen Feldern der Zusammenarbeit heraus in neuere, auch technisch anspruchsvollere Bereiche, wie Elektronik und IT. Diversifizierung ist das große Schlagwort, das auch mit deutscher Unterstützung angegangen werden muss.

Das konkrete Investitionsinteresse aus Deutschland ist insgesamt weiter überschaubar. Dennoch wurde in den letzten Jahren viel Grundlagenarbeit auf beiden Seiten geleistet. Mit dem privaten bilateralen Unternehmerverband BGCCI und dem neuen Zusammenschluss der deutschen Unternehmen GBC sowie einem von der GIZ finanzierten Business Scout finden potenzielle Investoren kluge Ansprechpartner vor Ort, die ihre Expertise gerne teilen.

Auch seitens der Deutschen Botschaft gilt natürlich: Wir stehen Ihnen jederzeit für Ihre Anfragen zur Verfügung und begleiten Sie gerne auf Ihrem Weg hier in Bangladesch.

Dhaka   Botschafter Achim Tröster
September 2023

Vorwort

Bangladesch hat in der westlichen Welt noch immer den Ruf eines von Armut geprägten Landes. Dabei hat Bangladesch, das sich am Übergang von Südasien zu Südostasien befindet, in den letzten Jahren beeindruckende Fortschritte in Bezug auf die wirtschaftliche Entwicklung gemacht und sich mit einer florierenden Textilindustrie, expandierenden Technologieunternehmen und einem wachsenden Dienstleistungssektor zu einem aufstrebenden Wirtschaftsstandort in Südasien entwickelt. Die von den Vereinten Nationen beschlossene Aufwertung Bangladeschs von einem „Least Developed Country" (LDC) zu einem Entwicklungsland im Jahr 2026 unterstreicht diese Entwicklung.

Deutschland hat als eines der ersten europäischen Länder 1972 die Unabhängigkeit Bangladeschs von Pakistan offiziell anerkannt. Seitdem unterhält Deutschland enge diplomatische Beziehungen zu Bangladesch. Als zweitgrößter Exportmarkt für bangladeschische Produkte und als verlässlicher Geber von Entwicklungshilfe wird Deutschland in Bangladesch sehr geschätzt. Die Bundesrepublik Deutschland unterhält eine Botschaft in der Hauptstadt Dhaka und ist mit einem Honorarkonsul in Chittagong vertreten und somit in den beiden Wirtschaftsmetropolen Bangladeschs präsent.

Im Jahr 2021 waren rund 250 deutsche Unternehmen aus der Textilindustrie, dem Maschinenbau, dem Energiesektor, dem Handel und anderen Branchen in Bangladesch tätig.

Mit seiner reichen Geschichte und einer vielversprechenden Zukunft bietet Bangladesch eine Vielzahl von Chancen für Investoren aus aller Welt. Gleichzeitig hat Bangladesch nach wie vor mit einer Reihe von Problemen zu kämpfen, insbesondere im Bereich des Arbeitsschutzes und der Sicherheitsstandards in den Fabriken, der Umwelt sowie der allgemeinen Armut, die trotz einer Halbierung des Anteils der Menschen, die unter der nationalen Armutsgrenze leben, seit dem Jahr 2000 immer noch bei 20,5 % der bangladeschischen Bevölkerung liegt. Nur 59 % der Menschen in Bangladesch haben Zugang zu sauberem Trinkwasser, und etwa ein Viertel der Erwachsenen kann weder lesen noch schreiben.

Der Einsturz der Textilfabrik Rana Plaza im Jahr 2013, bei dem mehr als 1100 Menschen starben, war einer der Gründe für das im Juli 2021 in Deutschland verabschiedete Lieferkettensorgfaltspflichtengesetz (LkSG), welches Unternehmen mit mehr als 3000 (bis Ende 2023) bzw. 1000 (ab Anfang 2024) Arbeitnehmern dazu verpflichtet, die Einhaltung international anerkannter Menschenrechts- und Umweltstandards in ihren Lieferketten sicherzustellen bzw. Risiken zu bewerten und Abhilfemaßnahmen zu ergreifen, wenn Verstöße gegen Standards festgestellt werden. Hierzu gehören bspw. die Kernarbeitsnormen der International Labour Organisation (ILO), das Verbot von Kinder- und Zwangsarbeit sowie Maßnahmen zur Bekämpfung von Umweltverschmutzung und des Klimawandels.

Für die vielen deutschen Unternehmen, insbesondere aus der Textilindustrie, die in Bangladesch produzieren lassen, wird es unumgänglich sein, ihre Lieferketten zu überprüfen und entsprechende Compliance-Maßnahmen umzusetzen. Dazu gehören u. a. die regelmäßige Durchführung von Audits, die Schulung von Mitarbeitern und Lieferanten zu Menschenrechts- und Umweltstandards sowie die Einführung von Richtlinien und Verhaltenskodizes zur Einhaltung dieser Standards. Allerdings gibt es auch Bedenken, dass viele Unternehmen in Bangladesch nicht in der Lage sein könnten, die Anforderungen des LkSG vollständig zu erfüllen, da sie möglicherweise nicht über die erforderlichen Ressourcen und Fähigkeiten verfügen. Gleiches gilt für die geplante EU-Richtlinie über die Sorgfaltspflicht gegenüber Unternehmen im Bereich der Nachhaltigkeit.

Die Regierung hat mit der Umsetzung einiger Maßnahmen begonnen, um die Einhaltung von Standards in der Lieferkette zu fördern und die Rechte der Arbeiter zu schützen. Dazu gehören die Einführung von Überwachungs- und Inspektionsprogrammen und die Schulung von Arbeitgebern und -nehmern über Arbeitsbedingungen und Rechte.

Im Hinblick auf den Handel mit der Europäischen Union (EU), deren Binnenmarkt der wichtigste Exportmarkt für Bangladesch ist, wird mit der Aufwertung zum Entwicklungsland gleichzeitig die EU-Zollpräferenzregelung „Everything but Arms" (EBA) wegfallen, die die unbegrenzte Zollfreiheit für die Einfuhr aller Waren – außer Waffen und Munition – in die EU garantiert. Dies hätte für Bangladesch und insbesondere für die Textilindustrie drastische Folgen, die nur dadurch abgemildert werden könnten, dass sich Bangladesch für das Allgemeine Präferenzsystem Plus (Generalized System of Preferences Plus – GSP+) der EU qualifiziert, was jedoch an bestimmte Bedingungen geknüpft ist. Derzeit ist noch unklar, ob der wichtige Textilsektor überhaupt vom GSP+ Präferenzsystem profitieren wird.

Trotz der bestehenden Herausforderungen und Unsicherheiten wird Bangladesch als Produktionsstandort und Absatzmarkt mit fast 170 Mio. Einwohnern für ausländische Investoren aus verschiedenen Sektoren zunehmend interessanter. Dieser Investitionsführer soll einen Überblick über die Investitionslandschaft Bangladeschs geben. Von grundlegenden Informationen über Geschichte, Politik und geografische Lage bis hin zu rechtlichen, steuerlichen und arbeitsrechtlichen Rahmenbedingungen wurden die wichtigsten Themen sorgfältig aufbereitet und zusammengestellt, um Sie bei Ihren Investitionsentscheidungen zu unterstützen.

Wir wünschen Ihnen viel Freude bei der Lektüre und sind dankbar für Anregungen, Kritik sowie Ergänzungsvorschläge.

Dubai

Dhaka

September 2023

Dr. Constantin Frank-Fahle, LL.M.

Rechtsanwalt und Gründungspartner

emltc (Emerging Markets – Legal.

Tax. Compliance.)

Marcel Trost

Rechtsanwalt und Gründungspartner

emltc (Emerging Markets – Legal.

Tax. Compliance.)

Inhaltsverzeichnis

Einführung 1

1.1 Allgemeine Informationen

1.1.1 Geschichte und politisches System

Die Volksrepublik Bangladesch (People's Republic of Bangladesh) entstand am 26.03.1971 als unabhängiger souveräner Staat nach der Abspaltung von Pakistan. Historisch war Bangladesch nach der Teilung des ehemaligen Britisch-Indien im Jahr 1947 zunächst Teil Pakistans.

Pakistan bestand nach der Unabhängigkeitserklärung am 14.08.1947 aus zwei voneinander getrennten Landesteilen, Westpakistan und Ostpakistan. Nach der Abspaltung der Exklave Ostpakistan im Jahr 1971 in Folge des Bangladesch-Krieges und dem anschließenden Bürgerkrieg unter Intervention Indiens erlangte Ostpakistan unter dem Namen Bangladesch seine Unabhängigkeit. Westpakistan wurde zum heutigen Pakistan.

Die erste Verfassung Bangladeschs wurde im Dezember 1972 verabschiedet. Innenpolitische Instabilität und soziale Spannungen führten jedoch 1975 zur Auflösung des Parlaments, zur vorübergehenden Suspendierung der Verfassung durch das Militär und 1982 zur Verhängung des Kriegsrechts, das bis 1986 andauerte, als sich die politische Lage zu beruhigen begann. Eine Verfassungsreform, die mit der Einführung liberal-marktwirtschaftlicher Prinzipien und Werte zu Lasten der ursprünglich in der Verfassung verankerten sozialistischen Grundausrichtung einherging, folgte im Jahr 1991. Das politische System ist jedoch bis heute von wiederkehrenden Unruhen geprägt, die vor allem von den beiden großen Parteien (Bangladesh Nationalist Party und Bangladesh Awami League) ausgehen.

Bangladesch ist eine parlamentarische Demokratie mit einem Einkammersystem, in der der Premierminister die Politik bestimmt und die Regierung

© Der/die Autor(en), exklusiv lizenziert an Springer Fachmedien Wiesbaden GmbH, ein Teil von Springer Nature 2023
C. Frank-Fahle und M. Trost, *Markteinstieg in Bangladesch*, essentials,
https://doi.org/10.1007/978-3-658-43142-6_1

führt. Staatsoberhaupt ist Präsident Mohammed Shahabuddin Chuppu (Amts-antritt: 24.04.2023). Premierministerin ist Sheikha Hasina Wajed (Amtsantritt: 06.01.2009), deren Vater Mujibur Rahman Bangladesch in die Unabhängigkeit von Pakistan führte.

1.1.2 Geografische Lage und Anbindung

Bangladesch liegt in der Region Südasien und nimmt mit einer Gesamtfläche von mehr als 148.000 Quadratkilometern Platz 92 in der Rangliste der größten Länder der Welt ein. Die Nachbarländer Bangladeschs sind Indien und Myanmar.

Seit 2015 besteht das Land aus acht Regierungsbezirken (Divisionen), die nach ihrer jeweiligen (Haupt-)Stadt benannt sind: (Tab. 1.1).

Die Regierungsbezirke sind wiederum in 64 Distrikte unterteilt.

Die größten Städte Bangladeschs sind die Hauptstadt Dhaka (ca. 8,9 Mio. Einwohner) und Chittagong (ca. 2,6 Mio. Einwohner).

Bangladesch verfügt über eine ca. 580 km lange Küstenlinie am Golf von Bengalen (Indisches Meer) und zwei gut ausgebaute Seehäfen in Chittagong und Mongla, wobei Chittagong der bedeutendste Hafen des Landes ist.

Darüber hinaus verfügt Bangladesch über internationale Flughäfen in Dhaka, Chittagong und Sylhet, die direkte Verbindungen nach Europa oder indirekte Verbindungen über eine der internationalen Drehscheiben des Nahen und Mittleren Ostens wie Dubai oder Abu Dhabi ermöglichen.

1.1.3 Sprache

Die Amtssprache in Bangladesch ist Bengalisch (Art. 3 der Verfassung). Englisch ist als Geschäftssprache anerkannt. Alle offiziellen Dokumente, die den Behörden vorgelegt werden, müssen entweder in Bengalisch oder in Englisch abgefasst sein.

Tab. 1.1 Provinzen in Bangladesch

Barisal	Chittagong
Dhaka	Khulna
Mymensingh	Rajshahi
Rangpur	Sylhet

1.1.4 Währung und Gewinnrepatriierung

Die bangladeschische Taka (ISO Code: BDT) ist seit 1972 die offizielle Landeswährung. Eine Taka ist in 100 Poishas unterteilt. Die Zentralbank (Bangladesh Bank) kontrolliert die Währung und reicht die Noten aus.

Es bestehen grundsätzlich keinerlei Beschränkungen im Hinblick auf die Gewinnrepatriierung. Die Überweisung von Dividenden erfordert allerdings einen Antrag bei der Bangladesh Bank (Zentralbank). Im Falle des Transfers von Gewinnen einer Niederlassung (Branch) an das ausländische Stammhaus ist eine vorherige Genehmigung der Bangladesh Investment Development Authority (BIDA) einzuholen.

1.1.5 Demografische Besonderheiten

Mit mehr als 169 Mio. Einwohnern (2021: Internationaler Währungsfonds (IWF)) ist Bangladesch das achtbevölkerungsreichste Land der Welt und nach China, Indien, Indonesien und Pakistan das fünftbevölkerungsreichste Land Asiens. Bei der derzeitigen Bevölkerungswachstumsrate von 1 % pro Jahr wird die Bevölkerung Bangladeschs im Jahr 2026 voraussichtlich ca. 174 Mio. (IWF) betragen. Zudem hat Bangladesch eine überwiegend junge Bevölkerung. Das Durchschnittsalter liegt derzeit bei ca. 22,2 Jahren.

1.1.6 Lebenshaltungskosten und Sicherheit

Die Lebenshaltungskosten in Bangladesch sind im Vergleich zu Deutschland moderat, wobei sich mit dem Anstieg der Verbraucherpreise die Lebenshaltungskosten seit 2022 für die Bevölkerung spürbar erhöht haben.

Wenngleich sich die Sicherheitslage in den letzten Jahren in weiten Teilen des Landes deutlich verbessert hat, bleibt die innere Sicherheit Bangladeschs durch Terrorismus, Extremismus und Kriminalität bedroht.

Neben diesen innenpolitischen Risiken wird Bangladesch immer wieder von Natur- und Klimakatastrophen heimgesucht. Darüber hinaus sorgen Verstöße gegen Arbeitsschutzstandards und schlechte Bauqualität immer wieder für Schlagzeilen, wie etwa der Einsturz eines Fabrikgebäudes in Sabhar (Rana Plaza) im Jahr 2013, bei dem über 1100 Menschen ums Leben kamen und der letztlich Auslöser für die Verabschiedung des Lieferkettensorgfaltspflichtengesetzes in der Bundesrepublik Deutschland war, das Unternehmen mit Produktionsstätten und anderen Geschäftsaktivitäten in Bangladesch seit Anfang 2023 vor erhebliche Compliance-Herausforderungen stellt.

1.2 Wirtschaftliche Entwicklung

Mit einem Bruttoinlandsprodukt (BIP) von ca. 460,2 Mrd. USD (2022: IWF) ist Bangladesch nach Indien die zweitgrößte Volkswirtschaft Südasiens. Nach Angaben des IWF konnte das Land bis zum Finanzjahr 2019/2020 (01.07.2019 bis 30.06.2020) stets beeindruckende Wachstumsraten verzeichnen. Die Coronakrise stellte jedoch auch für die bangladeschische Wirtschaft eine starke Belastung dar. Im Jahr 2020/2021 wuchs das BIP immerhin noch um 3,8 % (IWF). 2021/2022 betrug das Wachstum wieder beachtliche 7,2 % (IWF) und erreichte damit nahezu das Vor-Corona-Niveau mit Wachstumsraten von rund 8 %.

Ausländische Direktinvestitionen in Bangladesch lagen im Jahr 2022 bei ca. 3,48 Mrd. USD (2021: ca. 2,89 Mrd. USD; UNCTAD World Investment Report).

1.2.1 Wirtschaftszentren

Die Hauptstadt Dhaka ist gleichzeitig das Wirtschafts- und Finanzzentrum des Landes. Sie trägt mit einem Beitrag von 40 % zum BIP des Landes bei. Wäre Dhaka eine unabhängige Nation, wäre es die viertgrößte Volkswirtschaft Südasiens. Darüber hinaus hat Dhaka das höchste BIP pro Kopf in ganz Südasien.

In Dhaka haben verschiedene Großkonzerne aus unterschiedlichen Branchen, wie z. B. der Pharma- und Lebensmittelindustrie, ihren regionalen Hauptsitz, von dem aus die Geschäftsaktivitäten für Länder auf dem gesamten indischen Subkontinent gesteuert werden.

Chittagong ist nach Dhaka das zweitwichtigste Wirtschaftszentrum Bangladeschs. Der Hafen von Chittagong ist der größte Hafen von Bangladesch und einer der größten Häfen des gesamten indischen Subkontinents.

Cox's Bazar im Südosten des Landes gilt derzeit als touristisches Zentrum und soll auf der Grundlage eines auf 20 Jahre angelegten Strategieplans zu einer globalen Drehscheibe für Tourismus und Luftfahrt entwickelt werden.

1.2.2 Wirtschaftswachstum in Zahlen

Bangladesch verzeichnete in den letzten Jahren ein stetig steigendes BIP. Im Fiskaljahr 2018/2019 lag das BIP bei rund 302,4 Mrd. USD (IWF). Trotz der Corona-Pandemie konnte auch in den Folgejahren ein Anstieg des BIP auf 323,1 Mrd. USD (2019/2020: IWF) und 355,7 Mrd. USD (2020/2021: IWF) erzielt werden.

1.2.3 Inflation

Nachdem die Inflationsrate bereits während der Corona-Pandemie mit 5,65 % (2020) und 5,56 % (2021) gegenüber den Vorjahren angestiegen ist, stieg sie im Jahr 2022 (7,7 %) und im ersten Halbjahr 2023 (Stand Juni 2023: 9,74 %) deutlich an. Hintergrund der gestiegenen Inflation ist u. a. die Abwertung des Taka, die zur Verteuerung von Importen (z. B. Öl) geführt hat.

1.2.4 Das Verhältnis der Europäischen Union zu Bangladesch

Der europäische Binnenmarkt ist der wichtigste Exportmarkt für Bangladesch mit einem Anteil von 19,5 % am Gesamthandel und einem Gesamtvolumen der Warenexporte in die EU von rund 13,5 Mrd. EUR im Jahr 2022. Die Exporte aus der EU nach Bangladesch beliefen sich im Jahr 2020 auf rund 2,2 Mrd. EUR.

Bangladesch gilt noch bis 2026 als sog. „Least Developed Country" und kommt bis dahin in den Genuss des Zollpräferenzschemas „Everything but Arms" (EBA), das unbegrenzte Zollfreiheit für die Einfuhr aller Waren – mit Ausnahme von Waffen und Munition – in die EU garantiert. Die EBA-Zollpräferenzen können nur von den am wenigsten entwickelten Ländern in Anspruch genommen werden, die von den Vereinten Nationen den Status der „Least Developed Countries" erhalten haben. Alle Länder mit dem Status „Least Developed Country" werden von der EU automatisch berücksichtigt.

Mit der Aufwertung zum Entwicklungsland entfallen für Bangladesch sämtliche EBA-Zollpräferenzen. Eine Abfederung könnte lediglich durch die Qualifikation Bangladeschs für das EU-Zollpräferenzschema GSP+ (Generalised Scheme of Preferences Plus) erreicht werden. Das GSP+ Präferenzsystem dient als Anreiz für eine nachhaltige Entwicklung und verantwortungsvolle Staatsführung. Länder,

die sich für dieses Schema qualifiziert haben, profitieren von einer Zollbe-
freiung für mehr als zwei Drittel der definierten Waren bzw. Warengattungen.
Dafür muss Bangladesch allerdings insgesamt 27 internationale Abkommen rati-
fizieren und darüber hinaus Verbesserungen in den Bereichen Menschenrechte
(u. a. Verabschiedung eines Arbeitsrechts im Sinne der Arbeitnehmer, Abschaf-
fung von Kinderarbeit oder Gründung von Gewerkschaften) sowie Umwelt- und
Klimaschutz umsetzen.

Bangladesch hat sich um die Aufnahme in das GSP+ Präferenzsystem im Jahr
2020 beworben und einen Neun-Punkte-Plan verabschiedet, mit dessen Umsetzung es sich für das GSP+ Präferenzsystem qualifizieren will. Eine von der
EU durchgeführte Überprüfung der notwendigen Umsetzung der internationalen
Abkommen in Bangladesch hat ergeben, dass Bangladesch in einigen Bereichen
noch Verbesserungen vornehmen muss, bevor es in das GSP+ Präferenzsystem
aufgenommen werden kann.

Eine rechtzeitige Qualifizierung für das GSP+ Präferenzsystem nach Aus-
laufen der EBA-Zollpräferenzen erscheint aus heutiger Sicht allerdings fraglich.
Aber selbst im Falle einer Qualifizierung ist noch nicht absehbar, ob die Zollprä-
ferenzen auch die immens wichtige Bekleidungsindustrie betreffen werden, da die
EU eine Anpassung der Schwellenwertberechnung innerhalb der Präferenzsche-
mata diskutiert. Dies würde nach derzeitigem Diskussionsstand dazu führen, dass
Bekleidungsimporte aus Bangladesch den Schwellenwert überschreiten würden
und somit Einfuhrzölle auf Bekleidung erhoben werden müssten.

Darüber hinaus wurde auf Initiative der EU gemeinsam mit der Regierung
von Bangladesch, der International Labour Organisation (ILO) sowie den USA
und Kanada, den wichtigsten Absatzmärkten für Textilprodukte aus Bangladesch
neben der EU, der „Sustainability Compact for Bangladesch" ins Leben geru-
fen. Dieser hat das Ziel, die Rechte und die Sicherheit der Beschäftigten in der
Textilindustrie in Bangladesch zu verbessern.

Ein Freihandelsabkommen zwischen der EU und Bangladesch wird dagegen
derzeit nicht ernsthaft diskutiert.

1.3   Rechts- und Gerichtssystem

1.3.1   Rechtssystem

Das Rechtssystem Bangladeschs basiert aufgrund der Kolonialgeschichte auf dem
ehemaligen britisch-indischen Recht, hat also seine Wurzeln im Common Law
und verbindet sowohl westliche als auch islamische Elemente.

Oberste Rechtsquelle ist die Verfassung vom 04.11.1972 (in Kraft getreten am 16.12.1972). Weitere Rechtsquellen sind Gesetze, Rechtsverordnungen, Gerichtsurteile und Gewohnheitsrecht.

Obwohl der Islam nach Art. 2A der Verfassung Staatsreligion ist, gibt es keine formelle Implementierung der Scharia in das bangladeschische Rechtssystem. Vielmehr ist der Säkularismus, d. h. die Trennung von Staat und Religion, als Grundprinzip in Art. 8 Abs. 1 der Verfassung verankert.

Allerdings gilt für Muslime das islamische Recht, also die Scharia, insbesondere im Familien- und Erbrecht. Das Wirtschaftsrecht wird vom islamischen Recht nur geringfügig beeinflusst.

1.3.2 Gerichtssystem

Das bangladeschische Gerichtssystem ist hierarchisch aufgebaut und besteht aus einer übergeordneten und einer untergeordneten Gerichtsbarkeit.

Oberstes Gericht ist der Supreme Court mit Sitz in Dhaka, der aus zwei Abteilungen mit unterschiedlicher Zuständigkeit besteht (Appellate Division und High Court Division, zuständig für Zivilstreitigkeiten). Die Urteile des Supreme Courts stellen sog. Präzedenzfälle dar, an die sich die untergeordneten Gerichte (Subordinate Courts) gemäß Art. 111 der Verfassung zu halten haben.

Die Zivilgerichte in Bangladesch wurden auf der Grundlage der Zivilgerichtsverordnung (Civil Courts Act, 1887) eingerichtet, die in allen acht Divisionen, darunter das Hauptstadtgebiet von Dhaka, übernommen wurde. Diese sieht die folgende Hierarchie der District bzw. Lower Courts in absteigender Reihenfolge vor:

- Gericht des Bezirksrichters (Court of the District Judge)
- Gericht des zusätzlichen Bezirksrichters (Court of the Additional District Judge)
- Gericht des gemeinsamen Bezirksrichters (Court of the Joint District Judge)
- Gericht des oberen Zivilrichters (Court of the Senior Assistant Judge)
- Gericht des Zivilrichters (Court of the Assistant Judge)

Im Allgemeinen sind die Gerichte des Zivilrichters die Gerichte der ersten Instanz. Die Gerichte der Bezirksrichter üben in der Regel die Berufungsgerichtsbarkeit aus, während der Supreme Court die Revisionsinstanz ist.

Darüber hinaus existieren in Bangladesch Spezialgerichte, bspw. im Arbeits-, See- oder Gesellschaftsrecht.

Obwohl die Trennung von Judikative und Exekutive in Bangladesch bereits seit 1972 in der Verfassung verankert ist (Art. 22 der Verfassung von Bangladesch), wurden bis 2007 kaum Schritte seitens der Regierung unternommen, um diese Unabhängigkeit herzustellen. Dies änderte sich mit dem Urteil des Supreme Courts im sog. *Masdar Hosain-Fall,* in dem die Regierung aufgefordert wurde, Maßnahmen zur Herstellung der Unabhängigkeit der Judikative von der Exekutive zu ergreifen und umzusetzen.

In der Praxis bestehen jedoch bisweilen weiterhin enge Verflechtungen zwischen Exekutive und Judikative, die allgemein als kritisch angesehen werden.

1.3.3 Streitentscheidung

1.3.3.1 Rechtswahl- und Gerichtsstandsvereinbarungen

Die Gerichte in Bangladesch erkennen in der Regel die in einem Vertrag getroffene Vereinbarung über die Anwendung ausländischen Rechts – die sog. Rechtswahlklausel – an, sofern diese mit dem geltenden Recht vereinbar ist und nicht gegen die öffentliche Ordnung oder die guten Sitten verstößt.

Auch Gerichtsstandsvereinbarungen in internationalen Verträgen werden von den Gerichten in Bangladesch unter den gleichen Voraussetzungen grundsätzlich anerkannt.

Die Anerkennung und unmittelbare Vollstreckung ausländischer Urteile in Bangladesch ist möglich, wenn die Gegenseitigkeit verbürgt ist (sog. Reciprocating Territory), vgl. Art. 44A des Code of Civil Procedure, 1908 (Code of Civil Procedure). Ein Beispiel hierfür ist das Vereinigte Königreich.

Urteile aus Ländern, in denen die Gegenseitigkeit nicht verbürgt ist, werden nicht unmittelbar anerkannt und vollstreckt. Vielmehr muss nach Art. 13 des Code of Civil Procedure in Bangladesch eine neue Klage erhoben werden. Das ausländische Urteil kann in diesem Verfahren nur als Beweismittel verwendet werden. Eine inhaltliche Überprüfung durch ein Gericht in Bangladesch findet ebenfalls nicht statt.

1.3.3.2 Ordentliche Gerichtsbarkeit

Die ordentliche Gerichtsbarkeit steht auch ausländischen Investoren offen.

Nach Art. 28 des Contract Act, 1872 (Contract Act) ist sowohl eine Vereinbarung, die eine Partei daran hindert, ihre Rechte aus einem Vertrag oder in Bezug auf einen Vertrag vor den ordentlichen Gerichten geltend zu machen, als auch eine Vereinbarung, die den Zeitraum beschränkt, in dem sie ihre Rechte geltend machen kann, nichtig.

Vertragliche Schiedsklauseln, die eine ausschließliche Zuständigkeit des Schiedsgerichts vorsehen, sind hingegen wirksam.

1.3.3.3   Schiedsverfahren

Die Schiedsgerichtsbarkeit in Bangladesch wird durch den Arbitration Act, 2001 (Arbitration Act) für inländische Schiedsverfahren geregelt. Eine im Vorhinein getroffene Schiedsvereinbarung ist die Grundlage für ein Schiedsverfahren. Insoweit bedarf es einer schriftlichen Vereinbarung, nach der „gegenwärtige oder zukünftige" Streitigkeiten einem Schiedsverfahren unterworfen werden. Da die Schiedsvereinbarung grundsätzlich wie ein Vertrag behandelt wird, sind hinsichtlich ihrer Rechtswirksamkeit die allgemeinen Grundsätze des Vertragsrechts zu beachten.

1.3.3.4   Anerkennung ausländischer Schiedssprüche

Die Anerkennung ausländischer Schiedssprüche ist im Arbitration Act geregelt.

Bangladesch ist Unterzeichnerstaat des UN-Übereinkommens über die Anerkennung und Vollstreckung ausländischer Schiedssprüche von 1958 (New Yorker Übereinkommen) und hat das New Yorker Übereinkommen durch Art. 45 bis 47 des Arbitration Act in nationales Recht umgesetzt.

Ein ausländischer Schiedsspruch, der in einem Vertragsstaat des New Yorker Übereinkommens ergangen ist, ist in Bangladesch – vorbehaltlich etwaiger Einschränkungen – grundsätzlich vollstreckbar.

Investitionsrechtliche Rahmenbedingungen

2

2.1 Bangladesch als Investitionsstandort

Bangladesch verliert im Jahre 2026 seinen Status als „Least Developed Country" (LDC) bei der World Trade Organization (WTO), was auf die positive Entwicklung des Landes in den letzten Jahren zurückzuführen ist. Heute ist Bangladesch eine der am schnellsten wachsenden Volkswirtschaften im asiatisch-pazifischen Raum.

Die Gründe für die bemerkenswerte wirtschaftliche Entwicklung sind:

- Die Textil- und Bekleidungsindustrie ist ein wichtiger Motor für das Wirtschaftswachstum in Bangladesch. Das Land hat sich zu einem der weltweit größten Exporteure von Bekleidung und Textilien entwickelt, was zu einem erheblichen Anstieg der Exporteinnahmen geführt hat. Die niedrigen Lohnkosten und die hohe Verfügbarkeit von Arbeitskräften haben dazu beigetragen, dass viele internationale Marken ihre Produktion nach Bangladesch verlagert haben.
- Neben der Bekleidungsindustrie ist Bangladesch auch in anderen Sektoren gewachsen. Das Land ist ein wichtiger Produzent landwirtschaftlicher Produkte wie Reis, Gemüse und Fisch. Es hat auch eine aufstrebende Pharma- und IT-Branche, die im internationalen Wirtschaftsverkehr an Bedeutung gewinnt.
- Bangladesch verfügt über eine große und junge Bevölkerung, die kostengünstiges Arbeitskräftepotential darstellt. Diese Arbeitskräfte sind oft bereit, im Niedriglohnsektor zu arbeiten, was die Wettbewerbsfähigkeit des Landes im internationalen Wirtschaftsverkehr stärkt.
- Bangladesch gilt als Geburtsort der Mikrofinanzierungsbewegung, die es kleinen Unternehmern und Landwirten ermöglicht, Zugang zu finanziellen

© Der/die Autor(en), exklusiv lizenziert an Springer Fachmedien Wiesbaden GmbH, ein Teil von Springer Nature 2023
C. Frank-Fahle und M. Trost, *Markteinstieg in Bangladesch*, essentials,
https://doi.org/10.1007/978-3-658-43142-6_2

Ressourcen zu erhalten. Institutionen wie die Grameen Bank haben dazu beigetragen, die finanzielle Inklusion zu fördern und die wirtschaftliche Aktivität in ländlichen Regionen des Landes zu steigern.

- Die Regierung hat erheblich in die Infrastruktur des Landes investiert, darunter Straßen, Häfen und Stromversorgung. Diese Investitionen haben die Logistik und den Handel erleichtert, was wiederum das Wirtschaftswachstum gefördert hat.

Trotz der Fortschritte, die das Land in den letzten Jahren verbuchen konnte, sieht sich Bangladesch weiterhin mit Herausforderungen wie sozialer Ungerechtigkeit (Armut), Umweltproblemen und Korruption konfrontiert.

Doch es gibt gute Gründe, warum Bangladesch – neben den relativ niedrigen Lohnkosten – ein attraktiver Standort für ausländische Investoren sein kann. So verzeichnet das Land eine steigende Konsumnachfrage, die es zu einem lukrativen Absatzmarkt auch für ausländische Unternehmen macht, nicht zuletzt aufgrund des hohen Anteils junger Menschen und einer wachsenden Mittelschicht. Darüber hinaus hat die Regierung eine Reihe von Maßnahmen ergriffen, um ausländische Investitionen zu fördern, und bietet verschiedene Investitionsanreize.

Der Agrarsektor ist mit 37,6 % der Erwerbstätigen nach wie vor der größte Arbeitgeber in Bangladesch, während 21,4 % der Erwerbstätigen in der Industrie und 27,8 % im Dienstleistungssektor beschäftigt sind.

Konfektionsbekleidung (Readymade Garments) macht mit insgesamt 83,4 % im Jahr 2020/2021 den größten Anteil der Exporte aus Bangladesch aus. Auch wenn die Wirtschaft weiter diversifiziert werden soll, wird die Bekleidungs- und Textilindustrie vorerst der wichtigste Wirtschaftszweig Bangladeschs bleiben.

Deutschland war im Jahr 2020/2021 mit einem Anteil von 14,2 % an den Gesamtexporten Bangladeschs das zweitwichtigste Abnahmeland nach den USA.

Zentrale Wirtschaftszweige für ausländische Direktinvestitionen (Foreign Direct Investments, FDI) sind: (Tab. 2.1)

Tab. 2.1 Zentrale Wirtschaftssektoren in Bangladesch

Textil- und Bekleidungsindustrie	Pharmazeutische Industrie
Informationstechnologie (IT) und Software	Energie und erneuerbare Energien
Telekommunikation	Infrastruktur
Lebensmittel- und Getränkeindustrie	Bauwesen

2.1.1 Anreize für Investitionen

Bangladesch bemüht sich um Auslandsinvestitionen, um das Wirtschaftswachstum zu beschleunigen, und verfügt über eines der liberalsten Foreign Direct Investment Regime in Südasien.

Die derzeitigen Vorschriften sehen steuerliche Erleichterungen für bestimmte „strategische" Sektoren und Infrastrukturprojekte vor, die zwischen dem 01.07.2019 und dem 30.06.2024 bedient werden. Die begünstigten Sektoren erhalten Steuererleichterungen, die je nach Standort des Unternehmens über einen Zeitraum von fünf bis zehn Jahren von 90 % auf 10 % gestaffelt sind. Unternehmen, die in Freien Exportzonen (FEZ) und Sonderwirtschaftszonen (SWZ) angesiedelt sind, kommen ebenfalls für Steuerbefreiungen in Betracht.

Zu den begünstigten Branchen gehören aktuell u. a. die Automobilindustrie, die Textil- und Bekleidungsindustrie sowie die Pharmaindustrie.

Zu den förderfähigen Infrastrukturprojekten gehören Tiefseehäfen, Autobahnen, Straßenüberführungen, gebührenpflichtige Straßen und Brücken, FEZ, Gaspipelines, Informationstechnologieparks, Industrieabfall- und Wasseraufbereitungsanlagen, Flüssigerdgas (LNG)-Terminals, Stromübertragung, Schnellbahnprojekte sowie Projekte für erneuerbare Energien und Häfen.

Die exportorientierte Industrie kann eine Steuerbefreiung für 50 % ihrer Exporterlöse in Anspruch nehmen, sofern das Unternehmen nicht bereits einen ermäßigten Steuersatz in Anspruch nimmt.

Auf die Einfuhr von Rohstoffen zur Herstellung von Exportgütern werden keine Einfuhrabgaben erhoben.

Darüber hinaus wurden in Bangladesch Sonderwirtschaftszonen in Form von Economic Zones (EZ), Export Processing Zones (EPZ) sowie Hi-Tech Parks und Software Technology Parks mit eigenen Investitionsanreizen für die dort angesiedelten Unternehmen geschaffen (siehe hierzu Abschn. 2.1.5).

2.1.2 Restriktionen für ausländische Investitionen

Grundsätzlich können ausländische Investoren – mit wenigen Ausnahmen – in den meisten Wirtschaftssektoren ohne Beschränkungen investieren. Ausnahmen bestehen in den Bereichen:

- Waffen, Munition und Verteidigungsausrüstung
- Kernenergie
- Gelddruck und Münzprägung

- Aufforstung
- Rodung von reservierten Wäldern

Für bestimmte Sektoren können Genehmigungen erforderlich sein (bspw. im Banken- und Finanzsektor).

Die investorenfreundliche Gesetzgebung sieht die Möglichkeit einer 100-%igen Kapitalbeteiligung und Repatriierung von Gewinnen vor. Grundsätzlich gibt es weder Mindestinvestitionserfordernisse noch Obergrenzen für den zulässigen Anteil ausländischen Kapitals.

2.1.3 Schutz ausländischer Investoren

Der Schutz ausländischer Investoren ist insbesondere im Foreign Private Investment (Promotion & Protection) Act von 1980 geregelt. Danach haben ausländische Investoren in Bezug auf die Errichtung, den Ausbau, die Verwaltung, den Betrieb und den Schutz ihrer Investitionen einen Anspruch auf eine Behandlung, die „nicht weniger günstig" ist als die Behandlung, die inländischen Investoren unter gleichen Umständen gewährt wird.

Zudem hat Bangladesch mit verschiedenen Ländern bilaterale Investitionsschutzabkommen abgeschlossen (siehe hierzu Abschn. 2.5).

2.1.4 Investitionsförderbehörden

Die Bangladesh Investment Development Authority (BIDA), die dem Büro der Ministerpräsidentin direkt untersteht, ist die zentrale Investitionsförderbehörde Bangladeschs. Die BIDA ist dafür zuständig, die Bedingungen für ausländische Direktinvestitionen im privaten Sektor attraktiver und investorenfreundlicher zu gestalten, um die industrielle Entwicklung und das Wirtschaftswachstum des Landes zu beschleunigen.

Die BIDA ist u. a. für die folgenden Aufgaben zuständig:

- Beratung im Vorfeld des Auslandsvorhabens
- Registrierung und Genehmigung von industriellen Vorhaben
- Erteilung von Genehmigungen für Zweigstellen/Leihbüros/Vertretungen
- Erteilung von Arbeitsgenehmigungen für ausländische Staatsangehörige
- Genehmigung von Überweisungen von Lizenzgebühren, Gebühren für technisches Know-how etc.

- Unterstützung bei der Einfuhr von Maschinen und Rohstoffen
- Erteilung von Genehmigungen für ausländische Darlehen und Lieferantenkredite

2.1.5 Sonderwirtschaftszonen

In Bangladesch gibt es keine Freihandelszonen im klassischen Sinne. Stattdessen hat Bangladesch eine Reihe von Sonderwirtschaftszonen sowohl in wirtschaftlich starken als auch schwachen Regionen des Landes eingerichtet, in denen sich auch ausländische Unternehmen niederlassen bzw. Gesellschaften gründen können. Die Einrichtung von Sonderwirtschaftszonen soll die wirtschaftliche Entwicklung des Landes durch die Förderung von Industrie, Beschäftigung, Produktion und Export vorantreiben.

Zu unterscheiden sind folgende Kategorien:

- Export Processing Zones
- Economic Zones
- Hi-Tech Parks/Software Technology Parks

2.1.5.1 Export Processing Zones (EPZ)

Eine Export Processing Zone (EPZ) ist ein Zollgebiet, in das Anlagen, Maschinen, Ausrüstungen und Materialien zur Herstellung von Exportgütern unter Sicherheitsleistung zollfrei eingeführt werden können. Daneben gibt es für dort ansässige Unternehmen steuerliche und andere Anreize, abhängig von der jeweiligen EPZ. Insgesamt gibt es derzeit acht Export Processing Zones in Bangladesch (Tab. 2.2).

Die Bangladesh Export Processing Zones Authority (BEPZA) ist die zuständige Behörde für die Entwicklung und das Management der Export Processing Zones.

Tab. 2.2 Export Processing Zones in Bangladesch

Chittagong EPZ	Shaka EPZ
Mongla EPZ	Karnaphuli EPZ
Ishwardi EPZ	Comilla EPZ
Uttara EPZ	Adamjee EPZ

2.1.5.2 Economic Zones (EZ)

Economic Zones (EZ) werden in folgende Kategorien unterteilt:

- Public Private Partnership Economic Zone: Errichtung durch eine öffentlich-rechtliche Partnerschaft
- Private Economic Zone: Errichtung durch eine oder mehrere lokale oder ausländische natürliche oder juristische Personen oder Organisationen
- Government Economic Zone: Errichtung durch die Regierung
- Special Economic Zone: Errichtung durch private Personen oder durch eine öffentlich-rechtliche Partnerschaft oder auf Initiative der Regierung zum Zwecke der Ansiedelung spezialisierter Industrien

Die Regierung plant, ca. 100 EZ im ganzen Land einzurichten. Bis heute sind insgesamt 97 solcher EZ – davon 68 Government EZ und 29 Private EZ – landesweit von der zuständigen Bangladesh Economic Zone Authority (BEZA) genehmigt worden.

Zu den bislang genehmigten EZ gehören u. a. die in Tab. 2.3 und 2.4 aufgeführten EZ.

In den EZ ansässige Unternehmen sowie deren Entwickler können in Abhängigkeit der jeweiligen EZ von den folgenden Vorzügen profitieren (u. a.):

- Steuerbefreiungen oder -erleichterungen
- Befreiung von Zöllen und Abgaben

Tab. 2.3 Government Economic Zones in Bangladesch

Anowara Economic Zone (Chattogram)	Dhaka Economic Zone, Dohar (Dhaka)
Sabrang Tourism Park (Cox's Bazar)	Jamalpur Economic Zone (Jamalpur)
Shreepur Economic Zone (Gazipur)	Bhola Economic Zone (Bhola)

Tab. 2.4 Private Economic Zones in Bangladesch

Abdul Monem Economic Zone (Munsigonj)	Meghna Economic Zone (Narayangonj)
Meghna Industrial Economic Zone (Narayangonj)	Aman Economic Zone (Narayangonj)
Bay Economic Zone (Gazipur)	Sirajganj Economic Zone (Sirajganj)

• Erleichterung bei der Erteilung von Aufenthaltsgenehmigungen an ausländische Investoren und Entwickler

2.1.5.3 Hi-Tech Parks und Software Technology Parks

Hi-Tech Parks bzw. Software Technology Parks, von denen bisher landesweit insgesamt 39 genehmigt wurden, sollen ausländische Direktinvestitionen in den Bereichen Informations-, Software- und Biotechnologie sowie erneuerbare Energien anziehen.

Zuständig für die Entwicklung und Festlegung der Investitionsanreize ist die Bangladesh Hi-Tech Park Authority (BHTPA).

2.2 Eigenhändler- und Handelsvertreterrecht

2.2.1 Eigenhändlerrecht (Distributor)

Das Eigenhändlerrecht ist nicht ausdrücklich geregelt. Vielmehr sind Distributorenverträge nach den allgemeinen Vertragsgrundsätzen und den einschlägigen Gesetzen abzuschließen und durchzusetzen. Dies bedeutet, dass für die vertraglichen Beziehungen zwischen dem Prinzipal und dem Distributor die Vorschriften des Contract Act, 1872 (Contract Act) gelten.

2.2.2 Handelsvertreterrecht (Agent)

Das bangladeschische Handelsvertreterrecht ist im Gegensatz zum Eigenhändlerrecht ausdrücklich im Contract Act geregelt. Es besteht weitgehende Vertragsfreiheit, sodass der Prinzipal auch mehrere Handelsvertreter einsetzen kann. Im Übrigen können Handelsvertreterverträge formfrei geschlossen werden. Es empfiehlt sich jedoch, die gegenseitigen Rechte und Pflichten in einem schriftlichen Vertrag festzuhalten.

Schließlich sieht das bangladeschische Recht keine Ausgleichsansprüche bei Beendigung des Handelsvertreterverhältnisses vor. Zu beachten ist jedoch, dass im Falle einer ungerechtfertigten Beendigung des Handelsvertretervertrages (z. B. bei nicht fristgerechter Kündigung oder bei Fehlen eines Rechtsgrundes für eine außerordentliche Kündigung) der Handelsvertreter einen Schadensersatzanspruch gegen den Prinzipal (und umgekehrt) geltend machen kann.

2.3 Gesellschaftsrechtliche Rahmenbedingungen

Das bangladeschische Gesellschaftsrecht basiert auf verschiedenen Gesetzen, die für unterschiedliche Rechtsformen erlassen wurden. Für ausländische Investoren kommt die Registrierung bzw. Gründung eines/einer

- Liaison Office (Repräsentanz),
- Branch Office (Niederlassung einer ausländischen Gesellschaft),
- Private Limited Company (Pvt. Ltd. – Kapitalgesellschaft mit beschränkter Haftung),
- Public Limited Company (PLC – Kapitalgesellschaft mit beschränkter Haftung) oder
- Partnership (Personengesellschaft)

in Betracht, wobei die von ausländischen Investoren am häufigsten genutzte Gesellschaftsform die Private Limited Company (Pvt. Ltd) ist. Dies ist insbesondere auf das relativ einfache Gründungsverfahren und die Haftungsbeschränkung auf das Stammkapital zurückzuführen. Sie entspricht der deutschen GmbH.

2.3.1 Repräsentanz (Liasion Office)

Eine Repräsentanz (Liaison Office) wird von ausländischen Investoren genutzt, um für Produkte zu werben, technische Beratung und Unterstützung bei Kunden oder Vertriebspartnern zu leisten, Kooperationsmöglichkeiten zu prüfen und den Export zu fördern. Eine Repräsentanz darf keine kommerziellen Tätigkeiten ausüben.

2.3.2 Niederlassung (Branch of a Foreign Entity)

Darüber hinaus kann eine Niederlassung (Branch Office) eines ausländischen Unternehmens registriert werden. Die Geschäftstätigkeit einer Niederlassung ist auf bestimmte, von der BIDA genehmigte Aktivitäten beschränkt. So ist bspw. die Produktion von Waren nicht erlaubt. Für die Registrierung einer Niederlassung ist es erforderlich, innerhalb von zwei Monaten nach Ausstellung des sog. Permission Letters einen Betrag in Höhe von 50.000 USD auf das Bankkonto der Niederlassung einzuzahlen und das von der Bank ausgestellte Encashment Certificate der BIDA vorzulegen.

Da eine Niederlassung keine eigene Rechtspersönlichkeit besitzt, ist sie haftungsrechtlich als „verlängerter Arm" der Muttergesellschaft anzusehen.

2.3.3 Private Limited Company (Pvt. Ltd.)

2.3.3.1 Rechtsgrundlagen

Die einschlägigen Rechtsgrundlagen für die Gründung, Verwaltung und den Betrieb von einer Pvt. Ltd. finden sich im Companies Act, 1994 (Companies Act).

2.3.3.2 Gründung der Gesellschaft

2.3.3.2.1 Bestimmung des Firmennamens

Zunächst ist ein Antrag auf Bestätigung des gewünschten Firmennamens schriftlich oder online beim Registrar of Joint Stock Companies (RJSC) zu stellen. Wenn der vorgeschlagene Name akzeptiert wird, stellt der RJSC in der Regel innerhalb von zwei bis drei Tagen nach der Anmeldung eine Bescheinigung über die Verfügbarkeit des Firmennamens aus.

2.3.3.2.2 Erstellung des Gesellschaftsvertrages und Einzahlung des Stammkapitals

Nach der Ausstellung der vorgenannten Bescheinigung ist der Gesellschaftsvertrag (Memorandum of Association und Articles of Association) zu erstellen, der den Anforderungen des Companies Act zu entsprechen hat.

Parallel sollte ein (temporäres) Bankkonto eröffnet werden, um das Stammkapital der Gesellschaft einzuzahlen.

2.3.3.2.3 Anmeldung der Gesellschaft beim Registrar of Joint Stock Companies (RJSC)

Die erforderlichen Dokumente, einschließlich des Antragsformulars für die Registrierung der Gesellschaft, des Gesellschaftsvertrages, des Ernennungsschreibens für Direktoren und Sekretäre, des Nachweises der Zahlung der amtlichen Gründungsgebühren und anderer erforderlicher Unterlagen sind beim RJSC einzureichen.

2.3.3.2.4 Ausstellung der Registrierungsurkunde und weitere Anmeldungen

Nach erfolgter Registrierung stellt der RJSC eine Registrierungsurkunde aus, die die Existenz der Gesellschaft bestätigt.

Ein weiterer wichtiger Schritt bei der Unternehmensgründung ist die Registrierung beim National Board of Revenue (NBR) und die Zuteilung einer nationalen Steuernummer (Taxpayer's Identification Number – TIN). Gleichzeitig kann auch eine Umsatzsteuernummer beantragt werden.

Zudem ist ggf. eine entsprechende Handelslizenz bei der zuständigen städtischen/kommunalen Behörde einzuholen, bevor die Geschäftsaktivitäten aufgenommen werden.

Weitere Registrierungen können bei der BIDA oder bei den Zollbehörden für die Ein- und Ausfuhr von Waren erforderlich sein.

2.3.3.2.5 Dauer der Gesellschaftsgründung

Über die übliche Dauer einer Gesellschaftsgründung können keine verlässlichen Angaben gemacht werden. Der Gründungsprozess kann sowohl in sechs Wochen abgeschlossen sein als auch mehrere Monate in Anspruch nehmen. Auch kann es bspw. während des Fastenmonats Ramadan zu erheblichen Verzögerungen bei der Bearbeitung von Anträgen durch die Behörden kommen. Es empfiehlt sich in jedem Fall, sich auf die Besonderheiten der Behördenpraxis in Bangladesch ausreichend vorzubereiten und einen entsprechenden Zeitpuffer einzuplanen.

2.3.3.3 Mindestanzahl an Gründungsgesellschaftern

Für die Gründung einer Pvt. Ltd. sind grundsätzlich zwei Gesellschafter erforderlich. Seit 2021 können jedoch auch sog. Einmanngesellschaften (One Person Company – OPC) gegründet werden.

2.3.3.4 Mindestkapital

Das Kapital einer Pvt. Ltd. muss mindestens 1USD betragen. Es ist jedoch möglich, dass die zuständigen Behörden im Einzelfall ein hiervon abweichendes Mindestkapital verlangen.

Sollen über die Gesellschaft ausländische Mitarbeiter beschäftigt werden, muss das Stammkapital mindestens 50.000 USD betragen.

2.3.3.5 Geschäftsleitung

Eine Private Limited Company wird vom Board of Directors geleitet, das aus mindestens zwei Mitgliedern bestehen muss. Die Mitglieder des Boards werden für eine Amtszeit von fünf Jahren bestellt.

Darüber hinaus ist ein Managing Director zu ernennen, der das operative Geschäft leitet. Der Managing Director gilt als Geschäftsführer und hat alle Rechte, Privilegien und Pflichten dieses Amtes.

2.3.3.6 Dividenden

Die Gesellschafter sind berechtigt, an den Gewinnen des Unternehmens entsprechend ihrer Beteiligung zu partizipieren.

Die Zahlung einer Dividende muss vom Board of Directors vorgeschlagen und ein entsprechender Beschluss den Gesellschaftern auf der Hauptversammlung zur Genehmigung vorgelegt werden.

2.3.3.7 Haftung

Die Haftung der Gesellschafter ist grundsätzlich auf die Höhe ihrer Stammeinlage beschränkt. Das Privatvermögen der Gesellschafter ist daher in der Regel dem Zugriff der Gesellschaftsgläubiger entzogen.

Geschäftsführer und leitende Angestellte können jedoch haftbar gemacht werden, wenn sie es insbesondere versäumen, für die Einhaltung der gesellschaftsrechtlichen Vorschriften zu sorgen.

2.3.3.8 Buchführungspflichten und Jahresabschluss

Gemäß dem Companies Act muss jedes Unternehmen an seinem eingetragenen Sitz Bücher und Finanzunterlagen führen und aufbewahren. Diese beziehen sich auf alle von der Gesellschaft erhaltenen und ausgegebenen Gelder sowie alle Angelegenheiten, für die Einnahmen und Ausgaben getätigt wurden.

Jahresabschlüsse müssen beim Financial Reporting Council (FRC) von Bangladesch eingereicht werden.

2.3.4 Public Limited Company (PLC)

Im Gegensatz zur Private Limited Company kann eine Public Limited Company (PLC) nur von mindestens sieben Gesellschaftern gegründet werden. Außerdem müssen im Rahmen des Gründungsprozesses mindestens drei Direktoren bestellt werden.

2.3.5   Partnerships

Partnerships entsprechen Personengesellschaften und sind ähnlich wie im deutschen Recht grundsätzlich durch eine persönliche und unbeschränkte Haftung der Gesellschafter gekennzeichnet. Eine mit anderen Common Law Jurisdiktionen vergleichbare Limited Liability Partnership (LLP) ist im bangladeschischen Recht bislang nicht vorgesehen.

Zur Gründung einer Personengesellschaft ist ein Vertrag erforderlich, der formfrei geschlossen werden kann. Da die Schriftform aber eine Reihe von Vorteilen und rechtliche Sicherheit bietet, die die Gründung und den Betrieb einer Partnerschaft erleichtern, sollte der Vertrag schriftlich geschlossen werden. So verleiht u. a. die Registrierung bei der RJSC der Partnerschaft eine rechtliche Existenz und die Anerkennung als juristische Person, was dazu führt, dass die Partnerschaft eigenständig handeln, Verträge abschließen, Vermögenswerte besitzen und Rechte gerichtlich durchsetzen kann, vgl. Art. 69 Partnership Act, 1932.

2.4   Freihandels- und Präferenzabkommen

Bangladesch ist Mitglied der Südasiatischen Freihandelszone (South Asian Free Trade Area – SAFTA). Weitere Mitglieder sind Bhutan, Indien, die Malediven, Nepal, Pakistan und Sri Lanka.

Obwohl SAFTA darauf abzielt, Zölle und Handelshemmnisse zu reduzieren, bleiben weiterhin zahlreiche Zölle und nicht tarifäre Handelshemmnisse bestehen. Diese Barrieren behindern den Handel und verhindern eine vollständige wirtschaftliche Integration, weshalb die SAFTA bislang nicht die erhoffte Wirkung gezeigt hat. Ein weiterer Kritikpunkt ist, dass der Handel innerhalb der Region im Vergleich zu anderen regionalen Handelsblöcken relativ gering ist. Dies liegt an politischen Spannungen, Handelshemmnissen und der mangelnden Infrastrukturverbindung zwischen den südasiatischen Ländern.

Darüber hinaus ist Bangladesch Mitglied des Asien-Pazifik-Präferenzabkommens, welches darauf abzielt, die wirtschaftliche Entwicklung seiner Mitgliedsländer durch verschiedene Maßnahmen zur regionalen Ausweitung des Handels und der wirtschaftlichen Zusammenarbeit zu fördern.

Ein bilaterales Präferenzabkommen besteht seit Dezember 2020 mit Bhutan. Bangladesch führt zudem derzeit mit Indien, Thailand sowie Malaysia Gespräche über den Abschluss von weiteren bilateralen Freihandelsabkommen.

Verhandlungen über ein Freihandelsabkommen mit dem Namen „BIMSTEC –
Bay of Bengal Initiative for Multi-Sectoral Technical and Economic Coopera-
tion", dessen Mitglieder die sieben am Golf von Bengalen gelegenen Staaten
Bangladesch, Bhutan, Indien, Myanmar, Nepal, Sri Lanka und Thailand wer-
den sollen, mit dem Ziel, eine engere Zusammenarbeit zwischen Südasien und
Südostasien zu erreichen, werden bereits seit einiger Zeit geführt.

2.5 Investitionsschutzabkommen

Bangladesch hat insgesamt 29 Investitionsschutzabkommen mit den folgenden
Ländern unterzeichnet, von denen jedoch noch nicht alle in Kraft getreten sind
(Tab. 2.5):

2.6 Gewerblicher Rechtsschutz

Bangladesch ist Mitglied internationaler Abkommen und Organisationen zum
Schutz des geistigen Eigentums, darunter das Übereinkommen über handelsbe-
zogene Aspekte der Rechte des geistigen Eigentums (Trade-Related Aspects of
Intellectual Property Rights – TRIPS-Abkommen) der Welthandelsorganisation
(WTO).

2.6.1 Markenrecht

Das Markenrecht von Bangladesch ist im Trademarks Act, 2009 geregelt.

Die Schutzdauer einer Registrierung einer Wort-, Bild- oder Kombinati-
onsmarke (Wort und Bild) beträgt sieben Jahre ab Anmeldung. Danach sind
Verlängerungen um jeweils zehn Jahre möglich. Nicht eingetragene Marken
genießen grundsätzlich keinen gesetzlichen Schutz.

Zuständige Behörde für die Markenregistrierung ist das bangladeschische
Department of Patents, Designs and Trademarks (DPDT).

Bangladesch ist zudem Mitglied des Pariser Übereinkommens zum Schutz
des gewerblichen Eigentums. Dies bedeutet, dass ausländische Antragsteller das
Prioritätsrecht gemäß dem Übereinkommen geltend machen können. Dies ermöglicht es ihnen, innerhalb einer bestimmten Frist nach der ersten Anmeldung ihrer
Marke in einem anderen Land, denselben Schutz in Bangladesch zu beantragen.

Tab. 2.5 Bilaterale Investitionsschutzabkommen

Nr	Land	Unterzeichnungsdatum	Inkrafttreten
1	Belgisch-Luxemburgische Wirtschaftsunion	22.05.1981	15.09.1987
2	China	12.09.1996	25.03.1997
3	Dänemark	05.11.2009	27.02.2013
4	Deutschland	06.05.1981	14.09.1986
5	Frankreich	10.09.1985	09.10.1986
6	Indien	09.02.2009	07.07.2011
7	Indonesien	09.02.1998	22.04.1999
8	Iran	29.04.2001	05.12.2002
9	Italien	20.03.1990	20.09.1994
10	Japan	10.11.1998	25.08.1999
11	Kambodscha	17.06.2014	
12	Malaysia	12.10.1994	20.08.1996
13	Niederlande	01.11.1994	01.06.1996
14	Österreich	21.12.2000	01.12.2001
15	Pakistan	24.10.1995	
16	Philippinen	08.09.1997	01.08.1998
17	Polen	08.07.1997	19.11.1999
18	Rumänien	13.03.1987	31.10.1987
19	Schweiz	14.10.2000	03.09.2001
20	Singapur	24.06.2004	19.11.2004
21	Nordkorea	21.06.1999	
22	Südkorea	18.06.1986	06.10.1988
23	Thailand	09.07.2002	12.01.2003
24	Türkei	12.04.2012	20.05.2019
25	Usbekistan	18.07.2000	24.01.2001
26	Vereinigte Arabische Emirate	17.01.2011	
27	Vereinigte Staaten von Amerika	12.03.1986	25.07.1989
28	Vereinigtes Königreich	19.06.1980	19.06.1980
29	Vietnam	01.05.2005	

2.6.2 Patentrecht

Das bangladeschische Patentrecht ist im Patents and Designs Act, 2022 geregelt. Die Schutzdauer beträgt 20 Jahre ab Einreichung der Patentanmeldung beim DPDT. Der Patents and Designs Act, 2022 spiegelt die Verpflichtung Bangladeschs wider, die Abkommen der WTO in Bezug auf handelsrelevante Aspekte gewerblicher Schutzrechte einzuhalten.

2.6.3 Rechtsdurchsetzung

Im Falle der Verletzung gewerblicher Schutzrechte wie Patente, Marken oder Urheberrechte können die Berechtigten rechtliche Schritte einleiten. Dazu gehören die Einreichung von Klagen und die Verfolgung von Verletzungsfällen.

In bestimmten Fällen von Patentverletzungen können die Rechteinhaber auch Schutzmaßnahmen bei den Zollbehörden beantragen, um die Einfuhr gefälschter oder rechtsverletzender Waren zu verhindern oder zu beschränken.

Steuerliche Rahmenbedingungen 3

3.1 Direkte Steuern

Die maßgeblichen Rechtsgrundlagen für die Erhebung von direkten Steuern in Bangladesch finden sich im Income Tax Act, 2023 (Income Tax Act) sowie in den Income Tax Rules, 1984 (Income Tax Rules).

3.1.1 Körperschaftsteuer

3.1.1.1 Steuerliche Ansässigkeit

In Bangladesch steuerlich ansässige Unternehmen unterliegen mit ihrem weltweiten Einkommen der Körperschaftsteuer.

Die Steuer wird auf den Gewinn erhoben, den das Unternehmen im Steuerjahr – das in Bangladesch grundsätzlich vom 01.07 bis zum 30.06. des Folgejahres läuft – aus allen Quellen erzielt hat, einschließlich Dividenden.

Ein Unternehmen ist in Bangladesch ansässig, wenn es in Bangladesch gegründet wurde oder wenn seine Kontrolle und Verwaltung während des Steuerjahres vollständig oder überwiegend in Bangladesch ausgeübt wurde, vgl. Art. 2 Abs. (31) Income Tax Act.

Nicht in Bangladesch ansässige Unternehmen werden grundsätzlich nur mit ihren bangladeschischen Einkünften besteuert.

3.1.1.2 Steuerpflichtiges Einkommen

Einkünfte werden grundsätzlich in die folgenden Einkunftsarten eingeordnet:

- Geschäftseinkünfte,

C. Frank-Fahle und M. Trost, *Markteinstieg in Bangladesch*, essentials, https://doi.org/10.1007/978-3-658-43142-6_3

- Kapitalgewinne und
- andere Einkünfte.

Das steuerpflichtige Nettoeinkommen wird auf der Grundlage bestimmter Regeln und Grundsätze berechnet. Ausgaben können im Allgemeinen vom Bruttoeinkommen abgezogen werden, sofern dies nicht ausdrücklich untersagt ist. Gehaltsausgaben für einen Arbeitnehmer sind bei der Berechnung des Einkommens des Arbeitgebers nicht abzugsfähig, wenn der Arbeitgeber es versäumt, obligatorische Informationen über die Steuererklärung dieses Arbeitnehmers bereitzustellen.

3.1.1.3 Steuersätze

Der Körperschaftsteuersatz für ansässige Unternehmen hängt von der zugrunde liegenden Geschäftstätigkeit und Börsennotierung des Unternehmens ab. Die Steuerraten werden erfahrungsgemäß von Zeit zu Zeit angepasst, um bspw. Unternehmen in Krisenzeiten zu entlasten.

Die Körperschaftsteuersätze für börsennotierte Unternehmen sind folgender Tabelle zu entnehmen: (Tab. 3.1)

Nicht-börsennotierte Unternehmen unterliegen dagegen folgenden Körperschaftsteuersätzen: (Tab. 3.2)

Nicht in Bangladesch ansässige Unternehmen, deren Kontrolle und Verwaltung während des Steuerjahres ganz oder überwiegend in Bangladesch ausgeübt wurde, sowie Niederlassungen ausländischer Unternehmen unterliegen einem Körperschaftsteuersatz von 27,5 %.

Tab. 3.1 Allgemeine Körperschaftsteuersätze für börsennotierte Unternehmen

Allgemein	22,5 % bzw. 20 %
Banken, Versicherungen und Finanzinstitute	40 % bzw. 37,5 %
Mobilfunkunternehmen	40 %

Tab. 3.2 Allgemeine Körperschaftsteuersätze für nicht-börsennotierte Unternehmen

Allgemein	27,5 %
Mobilfunkunternehmen	45 %
Zigaretten- und andere Tabakhersteller	45 %

3.1.1.4 Verlustvortrag

Verluste mit Ausnahme von Kapitalverlusten und Verlusten aus Spekulationsgeschäften können über einen Zeitraum von maximal sechs Jahren bzw. neun Jahren bei Neugründungen vorgetragen und in den Folgejahren mit Gewinnen verrechnet werden.

3.1.1.5 Alternative Mindeststeuer

Für ein Unternehmen mit Bruttoeinnahmen von mehr als 5 Mio. BDT wird eine Mindeststeuer in Höhe von 0,6 % auf Bruttoeinnahmen aus allen Quellen erhoben, unabhängig von Gewinn oder Verlust, wenn die Mindeststeuer höher ist als die Körperschaftsteuerschuld. Es handelt sich insoweit um eine alternative Steuer (alternative Mindeststeuer).

Für Hersteller von Zigaretten und anderen Tabakerzeugnissen sowie für Mobilfunkbetreiber gelten Mindeststeuersätze von 1 % bzw. 2 %. Der Steuersatz beträgt 0,1 % auf die Bruttoeinnahmen für ein Industrieunternehmen, das in den ersten drei Einkommensjahren ab Beginn der kommerziellen Produktion in der Herstellung von Waren tätig ist.

3.1.1.6 Verrechnungspreise

Bangladesch lehnt sich an den OECD- Verrechnungspreisbestimmungen an. Die Definition des Begriffs „verbundenes Unternehmen" geht allerdings über ein Beteiligungs- oder Managementverhältnis hinaus.

Ein Steuerpflichtiger, der grenzüberschreitende Transaktionen in Höhe von mehr als 30 Mio. BDT tätigt, ist verpflichtet, darüber Unterlagen zu führen und eine Bescheinigung eines Wirtschaftsprüfers vorzulegen, in der die Details der Transaktionen mit nahestehenden Personen sowie die Methoden zur Bestimmung eines fremdvergleichskonformen Preises aufgeführt sind. Diese sind dem National Board of Revenue auf Aufforderung herauszugeben.

Verrechnungspreismelde- und Compliance-Verpflichtungen können im Übrigen auch für bestimmte Transaktionen zwischen dem Steuerpflichtigen und einer gebietsansässigen nahestehenden Person gelten.

Alle Transaktionen mit verbundenen Unternehmen müssen in einer jährlichen Erklärung über internationale Transaktionen ausgewiesen werden. Diese muss zusammen mit der jährlichen Steuererklärung eingereicht werden.

3.1.1.7 Betriebsstätten

Alle in Bangladesch erzielten Einkünfte einer Betriebsstätte (Permanent Establishment) werden mit dem allgemeingültigen Steuersatz für nicht börsennotierte Unternehmen in Höhe von aktuell 27,5 % besteuert.

3.1.1.8 Steueranreize

Steueranreize bestehen bei Erfüllung weiterer Voraussetzungen für bestimmte Einkünfte, wie z. B. Einkünfte aus einer in Bangladesch gegründeten Infrastruktureinrichtung oder einem Industrieunternehmen, dem Geschäft mit informationstechnologiegestützten Dienstleistungen und Exporten von Kunsthandwerk und Industrien, die in einer Export Processing Zones (EPZ – Abschn. 2.1.5.1) ansässig sind. Gebietsbezogene Steueranreize stehen im Übrigen Industrieunternehmen mit Sitz in bestimmten Regionen zur Verfügung.

Eine zehnjährige Befreiung von 100 % der Körperschaftsteuer gilt bei Erfüllung weiterer Voraussetzungen für neu gegründete Produktionsunternehmen in den folgenden Sektoren:

- Produkte der Informations- und Kommunikationstechnologie
- Herstellung von Autos
- Agrar- und Milchprodukte
- Haushaltsgeräte und Beleuchtung
- Allgemeine und spezialisierte Krankenhäuser
- Berufsausbildung

Die 100 %-ige Befreiung von der Körperschaftsteuer für Einkünfte aus IT- und informationstechnologiegestützten Dienstleistungen, die von Unternehmen erbracht werden, die Cloud-Dienste, E-Learning-Plattformen, E-Book-Veröffentlichungen, Entwicklungsdienste für mobile Anwendungen usw. anbieten, wurde bis zum 30.06.2024 verlängert.

3.1.1.9 Tax Compliance

Das Standardsteuerjahr läuft vom 1. Juli bis zum 30. Juni mit Ausnahme von Banken, Versicherungen und Finanzinstituten, die das Kalenderjahr als Einkommensjahr verwenden können. Die Steuerbehörden können ein anderes Geschäftsjahr für ein Unternehmen zulassen, das eine Tochter- oder Holdinggesellschaft einer Muttergesellschaft mit Sitz außerhalb Bangladeschs ist, oder für eine Zweigniederlassung oder ein Verbindungsbüro, wenn das ausländische Unternehmen zum Zwecke der Konsolidierung mit der Muttergesellschaft ein anderes Geschäftsjahr einhalten muss.

Konsolidierte Erklärungen sind nicht zulässig; jedes Unternehmen muss eine separate Erklärung einreichen.

Alle ansässigen Unternehmen und ausländischen Unternehmen mit Einkünften aus Bangladesch sind verpflichtet, eine jährliche Steuererklärung einzureichen.

Dazu gehören Unternehmen, die Waren verkaufen oder Dienstleistungen über digitale Plattformen an Empfänger in Bangladesch erbringen.

Die Steuererklärung muss am oder vor dem „Steuertag" eingereicht werden, d. h. bis zum 15. Tag des siebten Monats nach dem Ende des Einkommensjahres oder bis zum 15. September nach dem Ende des Einkommensjahres, wenn der 15. Tag des siebten Monats vor dem 15. September liegt. Die Vorsteuer muss vierteljährlich gezahlt werden. Die verbleibende Steuer muss vor Abgabe der Steuererklärung bezahlt werden.

Arbeitgeber müssen den Steuerbehörden bis zum 30. April eines jeden Einkommensjahres Informationen über die von den Arbeitnehmern eingereichten Steuererklärungen zur Verfügung stellen. Das Unternehmen muss halbjährliche sowie monatliche Quellensteuererklärungen einreichen, in denen Zahlungen an Lieferanten und Mitarbeiter gemeldet werden.

Strafen werden verhängt für verspätete Einreichung, Nichteinreichung einer Steuererklärung oder Nichtzahlung von Steuern, Verschleierung von Einkünften, fehlende Unterhaltung ordnungsgemäßer Aufzeichnungen und Nichtbereitstellung der erforderlichen Dokumente oder Daten.

Nach dem Substanz-über-Form-Prinzip können die Steuerbehörden eine Transaktion, die zur Steuervermeidung eingegangen wurde oder die keine Substanz hat, neu einstufen und eine Transaktion, der es an wirtschaftlicher Substanz mangelt, außer Acht lassen.

3.1.2 Einkommensteuer

3.1.2.1 Steuerliche Ansässigkeit

Natürliche Personen sind in Bangladesch steuerlich ansässig, wenn sie sich im Einkommensjahr mehr als 182 Tage in Bangladesch aufhalten oder wenn sie sich in den vorangegangenen vier Jahren mindestens 365 Tage in Bangladesch aufgehalten haben und sich während des Einkommensjahres mindestens 90 Tage in Bangladesch aufhalten. Personen, die in Bangladesch als steuerlich ansässig gelten, unterliegen mit ihrem weltweiten Einkommen der Besteuerung nach bangladeschischem Steuerrecht.

Eine nicht in Bangladesch ansässige natürliche Person wird nur mit Einkünften aus bangladeschischen Quellen besteuert, einschließlich der Einkünfte, die in Bangladesch erzielt werden oder als in Bangladesch erzielt gelten.

3.1.2.2 Steuerpflichtiges Einkommen

Das zu versteuernde Einkommen wird in Einkunftsarten unterteilt, zu denen Einkünfte aus nicht selbstständiger Arbeit, Einkünfte aus der Ausübung eines Berufs, Einkünfte aus Immobilien, landwirtschaftliche Einkünfte, Zinsen auf Wertpapiere, Kapitalgewinne und andere Einkünfte gehören.

Das Veranlagungsjahr ist ein Zeitraum von 12 Monaten, der am 1. Juli eines jeden Jahres beginnt.

3.1.2.3 Freibeträge

Die Grundbefreiung für Männer unter 65 Jahren beträgt 300.000 BDT. Für Frauen und Männer über 65 Jahre beträgt die Befreiung 350.000 BDT. Die grundlegenden Ausnahmen für Menschen mit Behinderungen und Freiheitskämpfer betragen 450.000 BDT bzw. 475.000 BDT.

Es werden verschiedene persönliche Freibeträge gewährt. Abzüge sind möglich, wenn Aufwendungen für die Erzielung steuerpflichtiger Einkünfte anfallen.

3.1.2.4 Steuersätze

Die individuellen Einkommensteuersätze für Gebietsansässige sind progressiv von 0 % bis 25 %, und Gebietsfremde werden pauschal mit 30 % besteuert. Eine Mindeststeuer wird in Höhe von 0,25 % auf Bruttoeinnahmen aus allen Quellen erhoben, wenn eine Person in einem Einkommensjahr Bruttoeinnahmen von mindestens 30 Mio. BDT hat, wenn diese höher sind als die nach den progressiven Sätzen berechnete Steuerschuld.

Die Steuersätze sind wie folgt gestaffelt: (Tab. 3.3)

Tab. 3.3 Allgemeine Einkommensteuersätze

Freibetrag von 300.000 BDT	0 %
Zusätzliches Einkommen von bis zu 400.000 BDT	5 %
Zusätzliches Einkommen von bis zu 700.000 BDT	10 %
Zusätzliches Einkommen von bis zu 1,100.000 BDT	15 %
Zusätzliches Einkommen von bis zu 1.600.000 BDT	20 %
Zusätzliches Einkommen über 1.600.000 BDT	25 %

3.2   Indirekte Steuern

3.2.1   Umsatzsteuer

Umsatzsteuer wird auf die Lieferung von Gegenständen und die Erbringung von Dienstleistungen sowie auf die Einfuhr von Gegenständen oder Dienstleistungen erhoben. Lieferungen und Leistungen ohne Gegenleistung werden zum marktgerechten Preis bewertet.

3.2.1.1   Steuersätze

Der Standardumsatzsteuersatz beträgt 15 %, mit Ausnahmen für bestimmte Dienstleistungen. Exporte unterliegen einem Nullsteuersatz (0 %). Für bestimmte Waren und Dienstleistungen gelten ermäßigte Sätze von 5 %, 7,5 % und 10 %.

Auf die Einfuhr von Waren ist eine Vorsteuer in Höhe von 3 % von Herstellern und 5 % von anderen Importeuren zu entrichten. Der ermäßigte Preis für Hersteller ist an die Vorlage bestimmter Dokumente zum Zeitpunkt der Freigabe der Waren gebunden.

3.2.1.2   Registrierung

Die umsatzsteuerliche Registrierung ist für Lieferanten mit einem Umsatz von mehr als 30 Mio. BDT obligatorisch. Lieferanten mit einem Umsatz von 5 Mio. bis 30 Mio. BDT können sich für eine freiwillige Umsatzsteuerregistrierung entscheiden oder eine Umsatzsteuer in Höhe von 4 % zahlen. Bei einem Jahresumsatz von weniger als 5 Mio. BDT ist keine Registrierung erforderlich. Die Umsatzsteuerregistrierung ist für Importeure, Exporteure, alle Quellensteuerpflichtigen und Lieferanten, die mit Waren handeln, die zusätzlichen Zöllen unterliegen, obligatorisch.

3.2.1.3   Fälligkeit der Umsatzsteuer

Die Umsatzsteuer entsteht grundsätzlich im Zeitpunkt der Leistungserbringung. Bei Dienstleistungen ist dies in der Regel der Zeitpunkt, in dem die steuerpflichtige Leistung erbracht oder die Zahlung geleistet wird, je nachdem, welcher Zeitpunkt früher eintritt. Bei Warenlieferungen ist in der Regel der Zeitpunkt der Begleichung der Rechnung durch Zahlung maßgeblich.

Die Einfuhrumsatzsteuer wird bei der Zollabfertigung in Bangladesch fällig.

3.2.1.4 Vorsteuer

Die Umsatzsteuer ist nur vom Endverbraucher zu bezahlen. Aufgrund dessen ermöglicht das Umsatzsteuerrecht einen Vorsteuerabzug auf den vorgelagerten Stufen der Wertschöpfungskette.

3.2.1.5 Umsatzsteuererklärung und -abführung

Umsatzsteuererklärungen müssen online eingereicht und Zahlungen getätigt werden. Die Umsatzsteuererklärung muss monatlich, innerhalb von 15 Kalendern nach dem dem Beginn des Folgemonats (oder dem nächsten Werktag, an dem die Einreichungsfrist auf einen gesetzlichen Feiertag fällt). Die einbehaltene Umsatzsteuer muss innerhalb von sieben Tagen nach Ablauf des Monats, in dem der Vorsteuerabzug vorgenommen wird, überwiesen werden.

3.2.1.6 Besonderheiten

Besondere Regelungen gelten in Bezug auf die sog. Umsatzquellensteuer (VAT Withholding Tax).

Ausländische Unternehmen, die in Bangladesch Dienstleistungen oder Lieferungen erbringen, müssen sich ggf. in Bangladesch für die Umsatzsteuer registrieren. Eine Registrierung kann über einen lokalen Umsatzsteueragenten erfolgen.

3.2.2 Zoll- und Einfuhrabgaben

Zölle und Einfuhrabgaben werden bei der Einfuhr zu den nach dem Harmonisierten System (HS-Code) festgelegten Sätzen erhoben.

3.3 Quellensteuer

Das bangladeschische Steuerrecht unterscheidet bei der Quellensteuer zwischen ansässigen und nicht ansässigen Personen. Grundsätzlich unterliegen sowohl ansässige als auch nichtansässige Personen der Quellensteuer bezüglich Zahlungen an Nichtansässige, wie z. B. Gebühren für technische Dienstleistungen, Lizenzgebühren, Dividenden, Zinsen, Versicherungsprämien oder Gebühren für digitale Dienstleistungen.

3.3.1 Dividenden

Dividenden, die an ein ansässiges Unternehmen oder ein nicht ansässiges Unternehmen, einen Trust oder einen Fonds gezahlt werden, unterliegen einem Quellensteuersatz von 20 %.

Dividenden, die an ansässige und nicht ansässige natürliche Personen gezahlt werden, unterliegen einem Quellensteuersatz von 10 % bzw. 30 %. Der Quellensteuersatz auf Dividenden, die an ansässige natürliche Personen ausgeschüttet werden, erhöht sich um 50 %, wenn der Zahlungsempfänger keine eTIN-Bescheinigung (Steueridentifikationsnummer) vorlegt.

Der Quellensteuersatz auf Dividenden, die an Nichtansässige ausgeschüttet werden, kann aufgrund eines Doppelbesteuerabkommens oder anderer Bestimmungen des nationalen Steuerrechts gesenkt werden, sofern der Nichtansässige im Voraus eine ermäßigte oder gar keine Quellensteuerbescheinigung von den Steuerbehörden erhält.

3.3.2 Zinsen

Es gibt keine Quellensteuer auf Zinsen, die an ansässige juristische oder natürliche Personen gezahlt werden. Zinsen, die an ein nicht ansässiges Unternehmen oder eine nicht ansässige natürliche Person gezahlt werden, unterliegen einem Quellensteuersatz von 20 %, der aufgrund eines Doppelbesteuerabkommens oder anderer Bestimmungen des nationalen Steuerrechts reduziert werden kann, sofern der Nichtansässige im Voraus eine reduzierte oder gar keine Quellensteuerbescheinigung von den Steuerbehörden erhält.

3.3.3 Lizenzgebühren

Lizenzgebühren, die an Ansässige gezahlt werden, unterliegen einem Quellensteuersatz von 10 %, wenn die Zahlung 2,5 Mio. BDT nicht übersteigt. Andernfalls beträgt der Satz 12 %. Der Quellensteuersatz auf Lizenzgebühren, die an Ansässige gezahlt werden, wird um 50 % erhöht, wenn der Zahlungsempfänger keine eTIN-Bescheinigung vorlegt.

Lizenzgebühren, die an ein nicht ansässiges Unternehmen oder eine nicht ansässige natürliche Person gezahlt werden, unterliegen einem Quellensteuersatz von 20 %. Der Quellensteuersatz auf Lizenzgebühren, die an Nichtansässige gezahlt werden, kann aufgrund eines Doppelbesteuerabkommens oder anderer

Bestimmungen des nationalen Steuerrechts gesenkt werden, sofern der Gebietsfremde im Voraus eine ermäßigte oder keine Quellensteuerbescheinigung von den
Steuerbehörden erhält.

3.3.4 Gebühren für technische Dienstleistungen

Gebühren für Verwaltungsdienstleistungen, technische Dienstleistungen, technisches Know-how oder technische Unterstützung, die an Ansässige gezahlt
werden, unterliegen einem Quellensteuersatz von 10 %. Der Quellensteuersatz auf
solche Gebühren, die an Ansässige gezahlt werden, erhöht sich um 50 % für Zahlungsempfänger, die keinen Nachweis über die Einreichung ihrer Steuererklärung
erbringen und keine Zahlungen per Banküberweisung erhalten.

Gebühren, die an ein nicht ansässiges Unternehmen oder eine nicht ansässige natürliche Person gezahlt werden, unterliegen einem Quellensteuersatz von
20 %. Der Quellensteuersatz auf Gebühren, die an Nichtansässige gezahlt werden,
kann aufgrund eines Steuerabkommens oder anderer Bestimmungen des nationalen Steuerrechts gesenkt werden, sofern der Gebietsfremde im Voraus eine
ermäßigte oder gar keine Quellensteuerbescheinigung von den Steuerbehörden
erhält.

3.3.5 Zweigniederlassungssteuer (Branch Remittance Tax)

Die Überweisung von Gewinnen ins Ausland durch eine Zweigniederlassung
(Branch) eines ausländischen Unternehmens in Bangladesch unterliegt einer
Zweigniederlassungsgewinnsteuer in Höhe von 20 %.

3.3.6 Besonderheiten

Alle Beträge, die aus dem Ausland auf das Konto eines Gebietsansässigen oder
Gebietsfremden überwiesen werden, um eine Dienstleistung in Bangladesch zu
erbringen, eine Dienstleistung eines Gebietsansässigen zugunsten einer ausländischen Person zu erbringen oder eine Online-Plattform zu Werbezwecken zu
nutzen, unterliegen einem Quellensteuersatz von 10 %. Alle Beträge, die aus dem
Ausland auf das Konto eines Gebietsansässigen als Gegenleistung für Verträge
über die Herstellung, Be- oder Umarbeitung, Bauarbeiten, Bauarbeiten, Inge-
nieurwesen oder Arbeiten ähnlicher Art überwiesen werden, unterliegen einem

Quellensteuersatz von 7,5 %. Der einbehaltene Steuerbetrag gilt als Mindeststeuer und ist nicht anpassbar oder erstattungsfähig.

3.4 Doppelbesteuerungsabkommen

Bangladesch hat bisher insgesamt 36 Doppelbesteuerungsabkommen (DBA) mit den folgenden Ländern abgeschlossen: (Tab. 3.4)

Tab. 3.4 Doppelbesteuerungsabkommen Bangladeschs

Bahrain	Norwegen
Belgien	Pakistan
Bhutan	Philippinen
China	Polen
Dänemark	Rumänien
Deutschland	Saudi-Arabien
Frankreich	Schweden
Indien	Schweiz
Indonesien	Singapur
Italien	Sri Lanka
Japan	Südkorea
Kanada	Thailand
Kuwait	Türkei
Malaysia	Vereinigte Arabische Emirate
Mauritius	Vereinigtes Königreich
Myanmar	Vereinigte Staaten von Amerika
Nepal	Vietnam
Niederlande	Weißrussland

Arbeitsrechtliche Rahmenbedingungen 4

4.1 Rechtliche Rahmenbedingungen

Das bangladeschische Arbeitsrecht basiert u. a. auf folgenden Rechtsquellen:

- The Constitution of the People's Republic of Bangladesh, 1972 (Verfassung)
- Bangladesh Labour Act, 2006 (Labour Act)
- Bangladesh Labour Rules, 2015 (Labour Rules)

Die Verfassung von Bangladesch enthält eine Reihe Bestimmungen zum Arbeitsrecht. So verbietet Art. 34 der Verfassung jegliche Form von Zwangsarbeit. Darüber hinaus normiert Art. 20 der Verfassung die Berufsfreiheit. Art. 38 der Verfassung erlaubt die Gründung von Gewerkschaften. Der Gleichheitsgrundsatz spiegelt sich insbesondere in den Art. 19, 27 und 28 der Verfassung wider.

Bangladesch steht wegen Verstößen gegen Arbeitsschutzstandards immer wieder in der internationalen Kritik. Vor diesem Hintergrund wurde das Arbeitsrecht im Jahr 2013 teilweise verschärft und arbeitnehmerfreundlicher gestaltet. Seitdem können Arbeitnehmer u. a. von ihrem verfassungsmäßig garantierten Recht Gebrauch machen, Gewerkschaften zu gründen, vgl. Art. 176 Labour Act.

Die grundlegenden Beziehungen zwischen Arbeitgebern und -nehmern sowie die Bestimmungen über Arbeitsverträge sind (für den privaten Sektor) im Labour Act geregelt. Dieser gilt für das gesamte Hoheitsgebiet Bangladeschs. Ebenso gelten die arbeitsrechtlichen Bestimmungen für einheimische und ausländische Arbeitnehmer gleichermaßen, unabhängig von einer etwaigen Rechtswahlklausel im Arbeitsvertrag.

© Der/die Autor(en), exklusiv lizenziert an Springer Fachmedien Wiesbaden GmbH, ein Teil von Springer Nature 2023
C. Frank-Fahle und M. Trost, *Markteinstieg in Bangladesch*, essentials,
https://doi.org/10.1007/978-3-658-43142-6_4

4.2   Die Begründung des Arbeitsverhältnisses

4.2.1   Letter of Appointment und Arbeitsvertrag

Jeder Arbeitgeber in einem Industrie- oder Handelsbetrieb ist verpflichtet, bei der Einstellung eines Arbeitnehmers einen formellen Angebotsbrief (sog. Letter of Appointment) auszustellen, in dem die wichtigsten Beschäftigungsbedingungen wie Position, Gehalt, Arbeitszeit und sonstige Leistungen festgelegt sind. Dieser Letter of Appointment dient als Grundlage für den eigentlichen Arbeitsvertrag.

Auch wenn es keine besonderen gesetzlichen Formvorschriften für den Arbeitsvertrag gibt, empfiehlt es sich, den Arbeitsvertrag schriftlich und zweisprachig (Englisch-Bengali) abzufassen.

4.2.2   Probezeit

Gemäß Art. 4 Abs. 8 des Labour Act beträgt die Probezeit für Büropersonal grundsätzlich sechs Monate, für andere Arbeitnehmer drei Monate. Handelt es sich bei einem Arbeitnehmer, der nicht als Büropersonal gilt, um einen sog. Skilled Worker, kann die Probezeit um weitere drei Monate verlängert werden, sofern es nicht möglich war, die Qualität seiner Arbeit während der dreimonatigen Probezeit zu beurteilen.

4.3   Rechte und Pflichten im Arbeitsverhältnis

4.3.1   Rechte des Arbeitnehmers

4.3.1.1 Vergütung
Der monatliche Mindestlohn in Bangladesch beträgt derzeit grundsätzlich 8.000 BDT (ca. 68 EUR), wobei zu beachten ist, dass die Mindestlöhne in einzelnen Branchen von diesem Standardsatz abweichen und somit höher oder auch niedriger sein können.

Die Mindestlöhne werden alle paar Jahre überprüft und angepasst.

4.3.1.2 Bonuszahlungen
Arbeitnehmer, die mindestens ein Jahr für ein Unternehmen beschäftigt sind, haben einen Anspruch auf einen sog. Festival Bonus in Höhe von zwei Tagesgehältern pro Jahr.

4.3.1.3 Arbeits- und Ruhezeiten

Die reguläre Arbeitswoche in Bangladesch beträgt in der Regel 48 h, aufgeteilt auf sechs Arbeitstage. Die tägliche Arbeitszeit sollte normalerweise acht Stunden betragen, es sei denn, im Arbeitsvertrag oder in einer Vereinbarung zwischen Arbeitgeber und Arbeitnehmer ist etwas anderes festgelegt. Für bestimmte Branchen und Tätigkeiten, wie die Textilindustrie, können spezielle Arbeitszeitregelungen gelten.

Arbeitnehmer haben Anspruch auf eine ununterbrochene Ruhezeit von mindestens zehn Stunden zwischen zwei Schichten. Obwohl der Islam in Bangladesch als Staatsreligion verankert ist, gibt es keine arbeitsrechtlichen Sonderregelungen (bspw. verkürzte Arbeitszeiten) während des islamischen Fastenmonats Ramadan. Es ist jedoch üblich, dass Arbeitgeber muslimischen Arbeitnehmern während des Fastenmonats Ramadan verkürzte Arbeitszeiten gewähren.

Arbeitnehmer haben außerdem einen Anspruch auf eine einstündige Ruhe- oder Mittagspause und dürfen nicht länger als sechs Stunden ohne Pause arbeiten. Die tägliche Höchstarbeitszeit beträgt zehn Stunden.

Bei Schichtarbeit, die nach 24 Uhr endet, ist dem Arbeitnehmer anschließend ein freier Tag zur Erholung zu gewähren. Weibliche Arbeitnehmer dürfen ohne ihre Zustimmung nicht länger als 22 Uhr arbeiten.

Das Gesetz enthält auch Bestimmungen zum Schutz von Minderjährigen. So darf ein Jugendlicher zwischen 14 und 18 Jahren nicht mehr als fünf Stunden täglich und 30 Stunden wöchentlich in einer Fabrik arbeiten. Jugendliche dürfen nicht länger als 19 Uhr arbeiten.

Unabhängig von den vorstehend genannten Regelungen sind Arbeitgeber generell verpflichtet, dafür Sorge zu tragen, dass ihre Arbeitnehmer angemessene Ruhepausen erhalten, um ihre Gesundheit und ihr Wohlbefinden zu schützen.

4.3.1.4 Überstunden

Überstunden sind zulässig, mit der Einschränkung, dass eine Gesamtarbeitsdauer von zehn Stunden pro Tag und 60 Stunden pro Woche nicht überschritten werden. Sie sind grundsätzlich mit dem doppelten Stundensatz zu vergüten.

4.3.1.5 Feiertage

In Bangladesch gibt es zahlreiche Feiertage, darunter nationale Gedenktage sowie religiöse und weltliche Feiertage bengalischen Ursprungs.

Die Feiertage werden nach dem bengalischen, islamischen oder gregorianischen Kalender für religiöse bzw. zivile Zwecke begangen.

Nationalfeiertage Bangladeschs sind die folgenden:

- Tag der Märtyrer (21.02.)
- Geburtstag von Sheikh Mujibur Rahman (17.03.)
- Unabhängigkeitstag (26.03.)
- Bengalisches Neujahrsfest (14.04.)
- Maifeiertag (01.05.)
- Tag der nationalen Trauer (15.08.)
- Tag des Sieges (16.12.)

Religiöse Feiertage sind die folgenden:

- Ashura (Islamisches Fest – Tod des Enkels des Propheten Mohammed)
- Eid-e-Miladun-Nabi (Islamisches Fest – Geburtstag des Propheten Mohammed)
- Eid al-Fitr (Islamisches Zuckerfest nach dem Fastenmonat Ramadan)
- Eid al-Adha (Islamisches Opferfest)
- Krishna Janmashtami (Hinduistisches Fest – Geburtstag von Krishna)
- Durga Puja (Hinduistisches Fest – Die Schlacht der Göttin Durga)
- Geburtstag von Buddha (Buddhistisches Fest)
- Weihnachten (25.12.)

4.3.1.6 Urlaubsanspruch und Leistungen bei Krankheit oder Arbeitsunfällen

Nach dem bangladeschischen Arbeitsrecht gibt es vier Urlaubskategorien:

- Casual Leave
- Annual Leave
- Festival Holidays
- Sick Leave

4.3.1.6.1 Casual Leave

Jeder Arbeitnehmer hat einen Anspruch auf bezahlten Casual Leave von zehn Kalendertagen pro Jahr.

„Casual Leave", unter dem man einen Gelegenheits- oder Kurzurlaub zu verstehen hat, ist in der Regel ein Urlaub, der nach dem Ermessen des Arbeitgebers aus bestimmten, nicht geplanten und oft unvorhergesehenen Gründen gewährt wird, z. B. bei persönlichen Notfällen oder dringenden Angelegenheiten. Einzelne, nicht in Anspruch genommene Urlaubstage dürfen nicht in das nächste Jahr übertragen werden.

4.3.1.6.2 Annual Leave

Darüber hinaus hat jeder erwachsene Arbeitnehmer, der ein Jahr lang ununterbrochen in einem Betrieb gearbeitet hat, Anspruch auf bezahlten Jahresurlaub (Annual Leave). Die ununterbrochene Betriebszugehörigkeit eines Arbeitnehmers von zwölf Monaten gilt auch dann als erfüllt, wenn die Betriebszugehörigkeit während dieser zwölf Monate durch Feiertage, Krankheit, Unfall, genehmigten Urlaub oder Mutterschutz, der insgesamt 16 Wochen nicht überschreiten darf, oder durch einen nicht rechtswidrigen Streik oder durch unfreiwillige Arbeitslosigkeit unterbrochen wurde.

Der Jahresurlaub beträgt einen bezahlten Urlaubstag für jeweils 18 Arbeitstage. Zu beachten ist, dass gesetzliche Feiertage, die während des Urlaubszeitraums anfallen, als Urlaubstage gelten und daher vom Urlaubsanspruch des Arbeitnehmers abgezogen werden.

Nimmt ein Arbeitnehmer in einem Zwölfmonatszeitraum nicht alle ihm zustehenden Urlaubstage in Anspruch, so werden die von ihm nicht in Anspruch genommenen Urlaubstage auf die ihm im folgenden Zwölfmonatszeitraum zustehenden Urlaubstage hinzugerechnet.

Für Minderjährige gelten abweichende Regelungen.

4.3.1.6.3 Festival Holidays

Jeder Arbeitnehmer hat Anspruch auf elf Tage bezahlten Feiertagsurlaub pro Kalenderjahr. Die jeweiligen Feiertage werden vom Arbeitgeber im Einvernehmen mit dem Arbeitnehmer festgelegt.

Muss der Arbeitnehmer an einem für ihn geltenden Feiertag arbeiten, so erhält der Arbeitnehmer zwei zusätzliche Tage bezahlten Ausgleichsurlaubs und einen Tag Ersatzurlaub.

4.3.1.6.4 Sick Leave

Arbeitnehmer erhalten (bei Vorlage eines ärztlichen Attests) bis zu 14 Tage bezahlten Krankenurlaub pro Kalenderjahr. Nicht in Anspruch genommener Krankenurlaub kann nicht in das folgende Kalenderjahr übertragen werden.

Für Arbeitnehmer in Zeitungsverlagen gelten abweichende Bestimmungen.

4.3.2 Antidiskriminierung am Arbeitsplatz

Nach Art. 345 Labour Act gilt bei der Festsetzung der Löhne der Grundsatz des gleichen Entgelts für gleichwertige Arbeit für männliche und weibliche Arbeitnehmer. Ebenso statuiert Art. 28 Abs. 2 der Verfassung eine Gleichbehandlung von Mann und Frau in allen Lebensbereichen.

Darüber hinaus normiert Art. 195 lit. c) Labour Act, dass eine Diskriminierung seitens des Arbeitgebers aufgrund der Gewerkschaftszugehörigkeit eines Arbeitnehmers unzulässig ist.

4.3.3 Mutter-, Jugend- und Arbeitsschutz

4.3.3.1 Mutterschutz

Nach Art. 45 Abs. 1 des Labour Act besteht ein Beschäftigungsverbot von Frauen bis zu acht Wochen nach der Geburt.

Außerdem hat eine Arbeitnehmerin einen Anspruch auf Mutterschaftsgeld für insgesamt 16 Wochen (jeweils acht Wochen vor und nach der Geburt). Die Höhe des Mutterschaftsgeldes wird auf Grundlage des Tarifs berechnet, den die Arbeitnehmerin in den drei Monaten vor Antragstellung erhalten hat. Der Anspruch entfällt für Frauen, die bereits zwei Kinder oder mehr haben.

Diese Bestimmungen gelten für alle Industrie- und Handelsbetriebe, die Frauen beschäftigen. Sofern Frauen während des Mutterschutzes gekündigt wird, hat dies nicht den Verlust der gesetzlichen Ansprüche zur Folge.

4.3.3.2 Mindestalter und Schutz von jungen Arbeitnehmern

Der Labour Act erlaubt die Beschäftigung von Jugendlichen im Alter zwischen 14 und 18 Jahren, sofern diese ein Tauglichkeitszeugnis eines approbierten Arztes vorweisen können.

Nach Art. 34 Abs. 1 des Labour Act ist es Arbeitgebern dagegen grundsätzlich verboten, Kinder unter 14 Jahren anzustellen. Eine Ausnahme besteht für Kinder ab dem zwölften Lebensjahr. Unter den Bestimmungen des Art. 44 des Labour Act können diese „leichte", ungefährliche Tätigkeiten verrichten, solange diese mit der Schulbildung des Kindes vereinbar sind. Trotz des generellen Verbots von Kinderarbeit sind Verstöße in der Praxis nicht selten.

Das Gesetz beschränkt außerdem die Beschäftigung von Kindern und Jugendlichen auf fünf Stunden pro Tag. Darüber hinaus darf kein Kind oder Jugendlicher zwischen 19 und 6 Uhr arbeiten.

Außerdem darf kein Jugendlicher für mehr als ein Unternehmen am Tag tätig sein. Arbeiten unter Wasser oder im Untergrund sind ausdrücklich verboten. Verstöße des Arbeitgebers gegen die Vorschriften zur Beschäftigung von Kindern und Jugendlichen werden mit einer Geldstrafe von 5.000 BDT (ca. 58 USD) geahndet.

4.3.4 Sozialversicherungsrechtliche Aspekte

In Bangladesch gibt es keine allgemeine Krankenversicherungspflicht, die für alle Bürger oder Einwohner des Landes gilt. Das Gesundheitssystem Bangladeschs basiert hauptsächlich auf Eigeninitiative und privater Krankenversicherung. Die Gesundheitsversorgung wird von staatlichen Krankenhäusern und Gesundheitszentren sowie von einer Vielzahl privater Gesundheitseinrichtungen bereitgestellt. Diejenigen, die sich für medizinische Versorgung in privaten Einrichtungen entscheiden, können private Krankenversicherungen abschließen, um die Kosten für medizinische Behandlungen zu decken.

Unternehmen mit einem eingezahlten Kapital von mindestens 10 Mio. BDT (ca. 85.000 EUR) oder einem Anlagevermögen von mindestens 20 Mio. BDT (ca. 170.000 EUR) müssen einen Workers Participation Fund und einen Workers Welfare Fund einrichten, um die Beteiligung der Arbeitnehmer am Unternehmensgewinn zu gewährleisten.

Darüber hinaus wurde auf der Grundlage des Bangladesh Welfare Foundation Act, 2006 der Bangladesh Workers Welfare Foundation Fund gegründet, der die Interessen aller bangladeschischen Arbeitnehmer vertreten soll.

Unternehmen müssen 5 % ihres Vorjahresgewinns (vor Steuern) in die Fonds einzahlen.

Arbeitnehmer sind zu gleichen Teilen an den Fonds beteiligt. Anspruchsberechtigt für das jeweilige Geschäftsjahr sind jedoch nur Arbeitnehmer, die während des Geschäftsjahres mindestens sechs Monate im Unternehmen beschäftigt waren.

Der Höchstbetrag, den die Arbeitnehmer aus dem Workers Participation Fund erhalten können, ist jedoch begrenzt. Nur zwei Drittel des Fonds werden an die anspruchsberechtigten Arbeitnehmer ausgeschüttet, ein Drittel geht an die Regierung, die es für soziale Projekte wie Schulen, Wohnsiedlungen und Gesundheitszentren verwendet.

Die Ausschüttungen aus den Fonds stehen den Arbeitnehmern zusätzlich zu anderen Bonuszahlungen zu und sind kein Ersatz. Darüber hinaus unterliegen die Ausschüttungen an die Arbeitnehmer nicht der Einkommensteuer.

4.4   Beendigung von Arbeitsverhältnissen

4.4.1   Befristung

Das bangladeschische Arbeitsrecht sieht die befristete Einstellung von Arbeitnehmern nur für vorübergehende Aufgaben vor. Eine Höchstdauer der Befristung ist
gesetzlich nicht normiert.

4.4.2   Kündigung

Das Arbeitsverhältnis kann sowohl vom Arbeitgeber als auch vom Arbeitnehmer
gekündigt werden. Der Arbeitsvertrag kann einvernehmlich oder durch einfache
Kündigung oder durch Entlassung wegen Fehlverhaltens beendet werden.

4.4.2.1   Ordentliche Kündigung
Das unbefristete Arbeitsverhältnis kann vom Arbeitgeber gemäß Art. 26 des
Labour Act mit einer Frist von 120 Tagen bei Arbeitnehmern, die auf Monats-
basis bezahlt werden, und mit einer Frist von 60 Tagen bei allen anderen
Arbeitnehmern ordentlich gekündigt werden.

Dagegen kann ein befristetes Arbeitsverhältnis vom Arbeitgeber mit einer Frist
von 30 Tagen bei Arbeitnehmern, die auf Monatsbasis bezahlt werden, und mit
einer Frist von 14 Tagen in allen anderen Fällen ordentlich gekündigt werden. Zur
sofortigen Beendigung des Arbeitsverhältnisses kann dem Arbeitnehmer alter-
nativ eine zusätzliche Lohnzahlung für die Dauer der Kündigungsfrist gewährt
werden.

Arbeitnehmer in einem unbefristeten Arbeitsverhältnis können den Arbeitsvertrag gemäß Art. 27 des Labour Act unter Einhaltung einer Frist von 60 Tagen
ordentlich kündigen. Bei befristeten Arbeitsverhältnissen beträgt die Kündigungsfrist 30 Tage für Arbeitnehmer, die auf Monatsbasis bezahlt werden, und 14 Tage
in allen anderen Fällen.

4.4.2.2   Außerordentliche Kündigung
Bei schwerwiegendem Fehlverhalten des Arbeitnehmers ist eine außerordentliche
Kündigung nach Art. 23 des Labour Act möglich, sofern der Arbeitnehmer die
Gelegenheit erhält, sich zu den gegen ihn erhobenen Vorwürfen zu äußern. Die
außerordentliche Kündigung stellt dabei die „Ultima Ratio", also das äußerste
Mittel, dar. Es steht dem Arbeitgeber frei, mildere Mittel anzuwenden (z. B.
Verwarnung bzw. Abmahnung, vorübergehende Beurlaubung oder Rückstufung).

Darüber hinaus sieht Art. 22 des Labour Act die Möglichkeit der Entlassung eines Arbeitnehmers wegen körperlicher oder geistiger Untauglichkeit vor, die von einem approbierten Arzt festgestellt werden muss.

4.4.2.3 Abfindung nach Kündigung

Unbefristet Beschäftigte haben bei einer ordentlichen Kündigung zusätzlich Anspruch auf eine Abfindung in Höhe von 30 Tagen ihres Grundgehalts für jedes vollendete Dienstjahr.

4.5 Arbeitserlaubnis für ausländische Mitarbeiter

Vor der Anstellung eines ausländischen Mitarbeiters in einer in Bangladesch ansässigen Gesellschaft ist eine Arbeitserlaubnis bei der BIDA zu beantragen. Die Voraussetzungen hierfür sind u. a. wie folgt:

- Das Unternehmen muss bei der zuständigen Regulierungsbehörde registriert sein.
- Es darf in der Regel keine qualifizierte einheimische Arbeitskraft für die vakante Position zur Verfügung stehen.
- Die ausländische Arbeitskraft muss mindestens 18 Jahre alt sein.
- Das Board of Directors muss einen Beschluss für jedes Angebot eines neuen oder einer Verlängerung eines bestehenden Arbeitsverhältnisses fassen.
- Der Anteil ausländischer Beschäftigter darf in der Industrie 5 % und in anderen Sektoren 20 % nicht überschreiten, auch nicht in den oberen Führungspositionen.
- Die Erstanstellung eines Ausländers muss auf zwei Jahre befristet sein und kann je nach Tätigkeit verlängert werden.
- Die erforderlichen Sicherheitszertifikate müssen durch das Ministry of Home Affairs ausgestellt werden.

Als Reaktion auf die hohe Zahl ausländischer Arbeitskräfte in der Konfektionsindustrie hat das BIDA informelle Leitlinien herausgegeben, in denen die Industriebetriebe aufgefordert werden, von der Einstellung zusätzlicher ausländischer Experten und Arbeitskräfte abzusehen.

Fazit und Ausblick

5

Bangladesch, ein Land mit reicher Geschichte und lebendiger Kultur, hat sich als attraktiver Investitionsstandort positioniert, mit Anreizen für ausländische Investoren und Sonderwirtschaftszonen, die besondere Vorteile wie Steuererleichterungen oder Zollbefreiungen bieten. Ausländische Investoren können in fast allen Sektoren ohne einen lokalen Partner investieren und Gesellschaften gründen. Die noch relativ junge Investitionsbehörde Bangladesh Investment Development Authority (BIDA) kann mit ihrem „One-Stop-Shop"-Ansatz bei Foreign Direct Investments (FDI) wichtige Unterstützung leisten. Hinzu kommt der wachsende Absatzmarkt mit einer steigenden Zahl von Konsumenten und einem sich verbessernden Wohlstand breiter Bevölkerungsschichten.

Die Regierung arbeitet aktiv daran, bestehende Probleme im Bereich der Arbeits- und Umweltbedingungen nachhaltig zu verbessern – auch vor dem Hintergrund der sich verändernden Rechtslandschaft im Ausland und der gestiegenen Compliance-Anforderungen ausländischer Unternehmen, z. B. durch das deutsche Lieferkettensorgfaltspflichtengesetz (LkSG). Darüber hinaus setzt das Land auf Infrastrukturentwicklung, Bildungsförderung und technologischen Fortschritt.

Dennoch bleiben einige Unsicherheiten bestehen, insbesondere in Bezug auf die politische Stabilität nach den bevorstehenden Wahlen Anfang 2024. Die Qualifikation für das GSP + Präferenzsystem der Europäischen Union und die Zukunft der Zollbefreiungen für Textilexporte in die EU sind ebenfalls wichtige Entwicklungen, die es zu beobachten gilt.

Zusammenfassend ist Bangladesch heute ein Land mit Potenzial und längst nicht mehr nur von Armut und katastrophalen Arbeitsbedingungen geprägt. Ausländische Investoren kommen daher nicht mehr darum herum, sich mit diesem

C. Frank-Fahle und M. Trost, *Markteinstieg in Bangladesch*, essentials, https://doi.org/10.1007/978-3-658-43142-6_5

Land (näher) zu beschäftigen, sei es als Produktionsstandort oder auch als Absatzmarkt.

Was Sie aus diesem *essential* mitnehmen können

- Grundverständnis über die investitionsrechtlichen Rahmenbedingungen in Bangladesch
- Sensibilisierung für gesellschafts-, steuer- und arbeitsrechtliche Kernthemen
- Entscheidungshilfe in Bezug auf eine Investitionsstrukturierung

Printed in the United States
by Baker & Taylor Publisher Services